कछुआ और ख़रगोश

कछुआ और ख़रगोश

डॉ. ज़ाकिर हुसैन

सम्पादक एवं अनुवाद

प्रो. माजदा असद

राधाकृष्ण प्रकाशन

ISBN : 978-81-8361-358-3

कछुआ और ख़रगोश

पहला संस्करण : 2009
तीसरा संस्करण : 2013
पहली आवृत्ति : 2022

मूल्य : ₹450

प्रकाशक
राधाकृष्ण प्रकाशन प्राइवेट लिमिटेड
जी-17, जगतपुरी, दिल्ली-110 051

शाखाएँ : अशोक राजपथ, साइंस कॉलेज के सामने, पटना-800 006
पहली मंजिल, दरबारी बिल्डिंग, महात्मा गांधी मार्ग, प्रयागराज-211 001
36 ए, शेक्सपियर सरणी, कोलकाता-700 017

वेबसाइट : www.radhakrishnaprakashan.com
ई-मेल : info@radhakrishnaprakashan.com

मुद्रक
बी.के. ऑफसेट
नवीन शाहदरा, दिल्ली-110 032

KACHHUA AUR KHARGOSH
by Dr. Zakir Husain

दो लफ़्ज़

यह किताब, बहुत दिन हुए, रुक़य्या रेहाना के नाम से शाया हो चुकी है। मुझे उन्हीं ने सुनाई थी और यह कहकर सुनाई थी कि कहीं पढ़ी है या किसी से सुनी है, मगर याद नहीं कि कब और कहाँ। मैंने उनसे पाई थी, इसलिए उन्हीं के नाम से पहले शाया की। फिर रुक़य्या रेहाना हमेशा के लिए रुख़्सत हो गईं और मैं यह भी न पूछ पाया कि मैंने जिस तरह उनकी कहानियों को लिखा है, वह उन्हें पसंद भी है या नहीं। लेकिन लिखी चूँकि मेरे हाथ से गई थीं और लोग इसे जानते हैं, इसलिए अब इन्हें अपने ही नाम से शाया करता हूँ। किस-किसको बताऊँ कि रुक़य्या रेहाना कौन थीं और कहाँ चली गईं। सहज यही है कि कहानियों की सारी ज़िम्मेदारी अपने सिर ले लूँ। कहानी अपने कहनेवाली की अच्छाई-बुराई को बेतकल्लुफ़ी से अपने अंदर ले

लेती है। ये कहानियाँ आपको पसंद आईं तो सच यह है कि इनकी सारी ख़ूबी रुक़य्या रेहाना की देन है। अगर तबीयत को न भायीं तो समझें कि मेरे बयान ने इन्हें बिगाड़ दिया है। मगर एक बार पढ़ ज़रूर लें। थोड़ी-सी हैं, ज़्यादा वक़्त ज़ाया न होगा।

–ज़ाकिर हुसैन

क्रम

कछुआ और ख़रगोश

राजधानी दिल्ली से लगभग पाँच मील की दूरी पर जमुना के किनारे ओखला नाम का एक छोटा-सा गाँव बसा है। पहले लोग दिल्ली से मछलियाँ पकड़ने के लिए यहीं आया करते थे। फिर कोई 20-25 वर्ष हुए, कुछ मस्त-मनमौजी लोग यहाँ आकर बसने लगे। उन्होंने एक पाठशाला बना ली। नासमझ तो थे ही, पर न जाने क्या लगन थी कि बिना किसी साजो-सामान के इस गाँव के पास खुले मैदान में उन्होंने डेरा डाल दिया। पल्ले में न पैसा, न कौड़ी और बड़े-बड़े भवन बनाने शुरू कर दिए। यह भवन कैसे पूरे होते? वर्षों ऐसे भवनों में स्वयं भी रहे और पाठशाला के बच्चों को भी रखा जिनके दरवाजों में किवाड़ तक न थे। हवा एक तरफ से बड़े भवन में घुसती तो दूसरे सिरे तक गाती, सीटियाँ बजाती चली जाती किन्तु ये थे कि अपनी जगह पर डटे रहे। देखने में तो ये भोले-भाले नादान से दिखाई पड़ते थे, पर थे अपनी धुन के पक्के, मस्त और मगन, जमे रहे तो इनका काम भी जमता गया, बढ़ता गया। अब वहाँ एक बहुत बड़ी पाठशाला बनकर तैयार हो गई। दूर-दूर से लड़के-लड़कियाँ यहाँ पढ़ने के लिए आते हैं। बड़े-बड़े विद्वान और विशेषज्ञ इस पाठशाला में पढ़ाते हैं, किताबें लिखते हैं, लेक्चर देते हैं। फुरसत में जब पुराने दिनों की चर्चा होती है तो आपस में हँस लेते हैं, कोई कभी-कभी व्यंग्य भी कर देता है। दीवानों पर बुद्धिमान न हँसें तो और कौन हँसेगा! यदि वह भी उन पर व्यंग्य न करें तो और कौन करेगा? सच है, हर व्यक्ति का संसार अलग-अलग होता है। हर व्यक्ति अपनी-अपनी दुनिया में खुश रहता है। पुराने जमाने में भी लोग इन पर हँसा करते थे। दीवानों पर कौन नहीं हँसता! ये स्वयं भी

ऐसे मस्त थे कि अपने और अपने अभावों पर जी खोलकर हँस लेते और दूसरों को भी हँसा देते थे।

एक बार की बात है कि कुछ लोग कहीं बाहर से उनका हाल सुनकर काम देखने आए। काम-वाम तो ऐसा क्या था और होता भी तो काम कोई ऐसे चलते-फिरते कैसे देख सकता है। ये लोग वास्तव में यह देखना चाहते थे कि कुछ पूँजी-पैसा है कि नहीं, पाठशाला का भवन है या नहीं। ऐसा तो नहीं कि किसी दिन ये मस्त हू-हू करके उठ खड़े हों तो पाठशाला-वाठशाला सब समाप्त हो जाए। तुम जानो, लोग तो स्थिरता चाहते हैं और सुना है कि स्थिरता बड़े-बड़े मकानों और बहुत-से रुपए से आती है। हाँ, तो कुछ लोग इस पाठशाला को देखने आए। पाठशाला दिखाने के लिए यहाँ के एक अध्यापक उनके साथ थे जिन पर दीवानगी और मस्ती का आलम अपने दूसरे साथियों से कुछ अधिक ही था। ये चश्मा लगाए कन्धे पर अपना लम्बा-सा रूमाल लटकाए खद्दर की वास्केट पहने जिधर से निकल जाते, उनकी मधुर मुस्कान देखकर फूल-पत्ते, पशु-पक्षी, मनुष्य सभी खिल जाते। अल्लाह को प्यारे हो गए। ऐसा लगता है कि मजनू (दीवाना) जो मर गया है तो जंगल उदास है।

कहाँ की बात कहाँ पहुँच जाती है! हाँ, तो ये मस्त कलन्दर आजाद मनुष्य इन लोगों को पाठशाला दिखाने के लिए दिल्ली से इनके साथ हो लिए। पाठशाला के सामने उतरने की बजाय ये साथियों को ओखला की नहर के पुल पर ले गए। बड़ा सुरम्य स्थान है। एक ओर जमुना, दूसरी ओर पानी से भरी नहर, एक छोटा-सा पुल। उसके आगे पानी रोकने के लिए लकड़ी के तख्तों की लम्बी पंक्तियाँ, चारों ओर वाटिका। ये सब इस जगह को देखकर बहुत खुश हुए, बड़ी प्रशंसा की।

इन्हें खुश देखा तो मस्त ने कहा—‘‘यही तो हुआ साहब कि हमारे शेख (सरदार) ने पहले इस सुरम्य स्थान पर सारी धन-सम्पत्ति लगा दी और पाठशाला के भवन के लिए कुछ न बचा। खैर, अच्छा हुआ, ये जगह तो भव्य बन गई, वह भी आप दोस्तों की मदद से बन ही जाएगी।’’

खैर, वह ज़माना तो गुजर गया। हर ज़माना गुज़र ही जाता है। अब वहाँ भवन भी हैं, पुस्तकें भी हैं और अध्यापक भी हैं। नियम और अनुशासन भी है। ढंग है, व्यवस्था है, काम है। कोई 20 वर्ष से अधिक

इस पाठशाला को वहाँ हो गए हैं। सब इसे जान-पहचान गए हैं। आदमी पहचानता हो या न पहचानता हो, आदमी का कोई ठिकाना नहीं। किन्तु जानवर, पेड़, जमुना की मछलियाँ, जिनमें से कुछ इन अध्यापकों से बातें करने पुल के खम्भों पर चढ़ते हुए भी देखी गई हैं, नदी के कछुए, पास के खेतों के तीतर, ख़रगोश सब इन्हें जान गए हैं और इनके मित्र भी बन गए हैं। इस समय आपको उन्हीं दोस्तों का एक किस्सा सुनाता हूँ :

''ओखला में जमुना के किनारे बरसात के मौसम में जहाँ तक मेरी नज़र जाती है पानी ही पानी दिखाई देता है। किन्तु जब पानी उतर जाता है, पुल पार करके चले जाइए तो लकड़ी के तख़्तों के नीचे-नीचे रेत का एक मैदान होता है और पुल के उस सिरे से नीचे की ओर उतर लीजिए तो नदी के किनारे-किनारे दूर तक जा सकते हैं। यहाँ से पाठशाला के अध्यापक कोई कभी-कभी, कोई प्रतिदिन सवेरे-सवेरे टहलने आ जाते हैं। कभी-कभी पाठशाला के बच्चे भी इधर सैर को घूमने निकल आते हैं। यहीं नदी में एक कछुआ, बहुत बड़ा-सा कछुआ अपने खोल में बन्द, जैसे एक मज़बूत किले में हो, रहता है और जब देखता है कि कोई नहीं है तो वह भी पानी से निकलकर धीरे-धीरे चहलक़दमी तो क्या, 40 क़दम तो बहुत होते हैं, आठ-दस क़दम चल लेता है। एक दिन मौलवी गुफ़रान उधर टहलने गए, उन्हें कछुआ कई बार देख चुका था। मौलवी साहब यूँ भी कम बोलते थे इसलिए कुछ पूरी जान-पहचान की नौबत नहीं आई थी। कछुआ उन्हें देखता तो आधा पानी में और आधा किनारे पर होता और मौलवी साहब इस विचार से कि जितना तेज़ चलूँगा उससे उतना ही वज़न घटेगा, तेज़-तेज़ क़दमों से निकल जाते और चलते भी इस शान से थे कि उनकी दृष्टि अपने क़दमों पर रहती। न इधर देखते, न उधर देखते, कहीं प्रकृति के मन बहलानेवाले दृश्य उनके स्वाभिमान को दुर्बल न कर दें। अनावश्यक भार घटाना और स्वाभिमान का सुदृढ़ रहना हर स्थिति में अनिवार्य है। वह कछुआ उनका चेहरा देखता—काली-काली दाढ़ी की चमक देखता और सोचता कि बड़ा तेजस्वी चेहरा है। ध्यान-ज्ञान वाला मनुष्य दिखाई पड़ता है। उसने सोचा कि जो बात उसे इतने दिनों से सता रही है, वह उनसे पूछे। इस विचार से एक दिन किनारे के पास बाहर निकल आया कि मौलवी साहब पास से गुज़रेंगे तो पूछूँगा। मौलवी ग़ुफ़रान

निश्चित समय पर गुज़रे किन्तु कछुए की हिम्मत न पड़ी, कुछ न बोला और ये उसे देखे बिना ही आगे बढ़ गए। कछुआ दिन-भर उदास-उदास रहा कि मैं भी कैसा फिसड्डी हूँ, मुल्ला जी से एक बात पूछने की हिम्मत न हुई। दूसरे दिन सुबह की नमाज़ से पहले की नमाज़ तहज्जुद के समय से किनारे पर आ बैठा कि कहीं सवेरे ही मुल्ला जी न निकल जाएँ। मौलवी ग़ुफ़रान तो चाबी दी हुई घड़ी की तरह समय से बँधे थे। अपने ठीक समय पर वहाँ से गुज़रे, मगर वह बेसुध सरपट कछुआ अपने पोपले मुँह से एक बोल भी न निकाल पाया कि ये गज़ों आगे बढ़ गए। किन्तु हिम्मत करके कछुए ने अपनी बैठी-बैठी भर्राई हुई आवाज़ में चिल्लाकर पुकारा, ''मुल्ला जी, मुल्ला जी।''

मौलवी ग़ुफ़रान चलते-चलते जैसे ध्यान-ज्ञान में खो जाया करते थे—आवाज़ जो आई तो समझे कि कोई अलौकिक ध्वनि है। जी धक से हो गया। अपने स्वभाव के विरुद्ध इधर-उधर देखा, आगे-पीछे, दाएँ-बाएँ, कुछ दिखाई नहीं दिया। समझे, कोई ऐसा-वैसा भ्रम होगा।

फिर आगे बढ़े तो कछुए ने ज़ोर से आवाज़ लगाई, चिल्लाने में उसकी आवाज़ और भी फट गई, ''हे मुल्ला जी, क्षमा करो। ज़रा थमो, एक प्रश्न पूछना है।'' मुल्ला जी ठिठके, मुड़कर पीछे देखा तो एक बड़ा-सा कछुआ एक सख़्त खोल से ढका हुआ, जैसे लोहे और सींग को मिलाकर युद्ध के टैंकों का कोई छोटा-सा नमूना बनाया हो, धीरे-धीरे उनके पीछे-पीछे आ रहा था। ऐसा लगता था कि उसकी साँस फूल गई है। चेहरे के नीचे गर्दन बार-बार हवा से फूल जाती, फिर दब जाती। मौलवी ग़ुफ़रान मुड़कर कछुए की तरफ़ मुँह करके खड़े हो गए, दूरी कई गज़ की हो गई थी। कछुआ जो सूखी जगह पर आकर सदा धीरे बल्कि और अधिक धीरे का जाप संस्कृत शब्दों में जपा करता था, बहुत साहस करके इस लम्बी दूरी को तय करने का निश्चय कर चुका था। इधर मौलवी ग़ुफ़रान को समय का ध्यान आया। बोले, ''क्या बात है कहो न, बोलते क्यों नहीं?''

कछुआ रुक गया, जैसे रुकने का बहाना ढूँढ रहा हो, फिर बोला ''नमस्ते मुल्ला जी, नमस्ते! एक प्रश्न पूछना है आपसे। कृपया ज़रा थमो, अभी पा-लागन को आता हूँ।''

मौलाना बोले, ''तसलीम, तसलीम! भई, हमें तो देर हो रही है। जो

पूछना हो, पूछिए। मगर ये प्रश्न क्या होता है?''

कछुआ बोला, ''मुल्ला जी, जो पूछना चाहता हूँ, उसको प्रश्न कहते हैं, अपनी-अपनी भाषा है मुल्ला जी।''

''अच्छा, तो पूछिए न,'' मौलाना ने कहा।

''मुल्ला जी, तुरन्त जो आपके पीछे झपटा हूँ तो हाँफ़ गया हूँ। आते-आते ही आप तक आ पाऊँगा। आप ही दो डग भरकर तनिक इधर को आ जाते तो बड़ी कृपा होती। प्रश्न मेरे लिए अधिक महत्त्व का है। सूर्य नमस्कार के बाद से आपकी प्रतीक्षा में हूँ।''

''ये प्रतीक्षा क्या चीज़ होती है?''

''मुल्ला जी, मैंने कहा, प्रतीक्षा में हूँ अथवा आपके मार्ग पर आँखें जमाए बैठा हूँ।''

''मेरे मर्ग पर! मेरे मरने पर आँखें जमाए बैठे हो! बहुत अच्छी रही! वाह भई वाह, पंडित कछुआ राम, बहुत अच्छी रही! मैंने आपका क्या बिगाड़ा है पंडित जी, जो आपको मेरी मौत का इतना इन्तज़ार है?''

कछुआ बोला, ''ठीक-ठीक यही जो आपने कहा—इन्तज़ार। मैं समझता हूँ, यही प्रतीक्षा है। शब्दों का फेर है मुल्ला जी, बात एक है।''

''अच्छा, प्रतीक्षा इन्तज़ार है तो आपको मेरे मर्ग का, मेरे मरने का ऐसा इन्तज़ार क्यों है? मैंने आपका क्या बिगाड़ा है पंडित जी?''

''मुल्ला जी,'' कछुआ बोला, ''सब शब्दों का फेर है। आप गरम न हों मुल्ला जी, मैंने मार्ग जो कहा तो मार्ग अथवा पथ और पथर अथवा...''

मुल्ला जी ने पूछा, ''पथ अथवा?''

''हाँ, पथ अथवा रास्ता।''

मुल्ला जी कुछ शर्मिन्दा हुए, कुछ सन्तुष्ट और बोले, ''अच्छा, समझा, तो मतलब आपका यह कहना था कि आप मेरी राह देख रहे थे, मेरा इन्तज़ार कर रहे थे! खैर, कहिए, पूछना क्या है आपको? बस, सवाल कीजिए तो जवाब दूँ और आगे चलूँ।''

कछुए ने कहा, ''मुल्ला जी, सवाल अथवा और जवाब अथवा...''

मुल्ला जी बोले, ''भई, यह तो बड़ी देर हो रही है। जानता तो लुग़त साथ लेता आता और...''

''और लुग़त अथवा...'' कछुए ने कहा।

“भाई, देखो, सवाल तो वह जो पूछते हैं जिसको तुमने प्रश्न कहा था, जवाब वह जो बताता है जिससे पूछते हैं और लुग़त वह जिसमें शब्दों का, बोलों का मतलब लिखा होता है।”

“समझा-समझा,” कछुए ने कहा, “सवाल अथवा प्रश्न, जवाब अथवा उत्तर...”

“मतबल सो यह शब्द हमने अपने पुरखों से सुन रखा है। जब जमुना नदी इधर नीलवी खेड़ी के पास बहती थी और बड़े-बड़े मुसलमान सन्त वहाँ सूर्य निकलने से पहले आकर हाथ-मुँह धोते, कुल्ला करते थे, उनकी बातें हमारे पुरखे सुना करते थे। उनमें कुछ शब्द याद रहते थे, सो मतबल तो हम जानते हैं। मतबल अथवा अर्थ—हाँ और लुग़त अथवा शब्दकोश जिसमें शब्दों का अर्थ लिखा जाता है। समझे?”

“हम समझ गए।”

“अच्छा हुआ, आप समझ गए, फिर कल लुग़त या आपका शब्दकोश लाऊँगा तो आपसे बातें होंगी।” मुल्ला जी ने कहा।

“नहीं-नहीं,” कछुआ बोला, “ऐसी भी क्या बात है! देखिए, थोड़े-से समय में हमने एक-दूसरे के कितने शब्द जान लिए हैं! बातचीत चलेगी तो मैं आपका मतबल समझ लूँगा। मेरे शब्दों का अर्थ आप समझ लेंगे।”

“अच्छा, तो कछुराम जी, कहिए तो कि सवाल नहीं, आपका प्रश्न क्या है?”

“प्रश्न यह है मुल्ला जी कि आपके इतिहास की पुस्तकों में क्या लिखा है? कहीं ये लिखा है कि प्राचीन काल में कछुए और ख़रगोश की दौड़ हुई थी और भला क्या लिखा है कि कौन जीता था?”

मौलवी ग़ुफ़रान को अब कछुराम की भोली-भाली बातें कुछ अच्छी लगने लगी थीं। फिर कुछ शब्द नए भी सुने थे। पंडित जी के पोपले मुँह से बातें और भी भली लगी थीं, किन्तु मगर क्या करते, सवाल ऐसा था जिसका सम्बन्ध प्राचीन इतिहास से था और उनका विषय था धर्मशास्त्र और धर्मज्ञान। उसमें कुत्ते, बिल्ली, ख़रगोश और कछुए का क्या काम! फिर आदमी भी ईमानदार थे, बोले, “पंडित जी, सच बात यह है कि मुझे मालूम नहीं, ये बात तो इतिहास का कोई विशेषज्ञ ही बताएगा। ऐसा ही होगा तो कल अपने साथ पाठशाला के इतिहास के विशेषज्ञ को लेता

आऊँगा। उनसे आप जो पूछना चाहें, पूछ लीजिएगा। मुझे आज्ञा दीजिए, बहुत देर हो गई है।''

''अच्छा-अच्छा, मुल्ला जी, क्षमा करें। मैं कल इन्तज़ार करूँगा। ठीक है न यह शब्द इन्तज़ार?''

''हाँ, ठीक है। जो समझ में आ जाए, वही ठीक है। मैं कल ज़रूर आऊँगा।''

कछुराम थोड़ी देर तो कुछ ध्यान में वहीं खड़े रहे, फिर धीरे-धीरे पानी की ओर बढ़े और समय पाते ही ये जा और वह जा। ऐसा लगा, जैसे सब बातें भूल गए हों और जान में जान आ गई हो!

दूसरे दिन सुबह सवेरे कछुराम किनारे पर बैठ गए। मौलवी ग़ुफ़रान ठीक अपने निश्चित समय पर आए। उनके साथ आज प्रो. कपचाक़ भी थे। दुबले-पतले हाथ में एक कुबड़ी लकड़ी, उसे बार-बार घुमाते जाते या चलते-चलते जूते की नोक से उस पर ठोकर लगाते जाते। थोड़ी-थोड़ी देर के बाद गर्दन को विशेष ढंग से हलका-सा झटका भी देते रहते, जैसे अपने आप से मन ही मन में बहस कर रहे हों और जहाँ कहीं कोई ज़ोरदार शब्द इस आन्तरिक सम्वाद में आ जाता तो वहीं गर्दन स्वयं हिल जाती। खड़े होते तो छड़ी की मूठ पर उनकी अँगुलियाँ ऐसे चलतीं, जैसे हारमोनियम बजा रहे हों! अतः बड़े मज़े के आदमी थे।

आज मौलवी ग़ुफ़रान तो स्वभाव के विपरीत पहले से ही पंडित कछुराम को खोज रहे थे। वह भी उनकी बाट जोह रहे थे। देखते ही मौलाना के मुँह से निकला,''अस्सलाममोअलेकुम!'' और प्रोफेसर कपचाक़ ने कहा, ''तसलीम पंडित जी।''

और पंडित कछुराम बोले, ''नमस्ते। कल्याण हो, कल्याण। आप आ गए, जी अधिक प्रसन्न हुआ।''

''ओ हो,'' मौलाना ग़ुफ़रान बोले, ''लुग़त, आपका शब्दकोश तो लाना भूल ही गया। खैर, यह तो दुआ-सलाम समझिए कि समझ ही लिया।

अब आप अपना सवाल, हाँ, वही प्रश्न पूछिए। यह प्रोफेसर कपचाक़ इतिहास के महान् विशेषज्ञ हैं। यह आपका जवाब यानी उत्तर देंगे।''

''प्रोफेशर कश्यप जी, एक बात हमें बहुत दिन से सता रही है। कल मुल्ला जी से पूछी थी तो इन्होंने कहा कि हम नहीं जानते। प्रोफेशर जी को साथ लाएँगे। सो अब आपसे वही बात पूछनी है। बात यह है कि प्राचीन काल में क्या कभी ख़रगोश जाति के लोग और कछुआ जाति के लोगों में कोई दौड़ हुई थी और हुई थी तो जीत किसकी हुई थी और हारा कौन था? हमारे यहाँ पुरखों से यह बात चली आती है कि दौड़ हुई थी और कछुआ जीता था।''

प्रोफेसर कपचाक़ को ऐसा लगा कि पंडित जी ने उन्हें कोई बच्चों की कहानियाँ लिखनेवाला अति साधारण-सा व्यक्ति समझ लिया है और सवेरे की हवा के आनन्द में उनकी तबीयत कुछ फरफरा रही है और यह मुझसे मज़ाक करने चले हैं। बहुत नाखुश हुए। यूँ भी वे जल्दी नाखुश हो जाया करते थे। बोले, ''महोदय, कछुए और ख़रगोश से मेरी विशेषज्ञता का क्या सम्बन्ध है? मैं तो इतिहास का अध्यापक हूँ। राष्ट्रीय और अन्तर्राष्ट्रीय जातियों के उत्थान और पतन की निरन्तर प्रक्रिया पर चिन्तन और मनन मेरा काम है। सम्पत्ति की उत्पादक शक्तियों के स्वरूप, उनकी चुनौतियों की खोज और मनुष्य जाति के पारस्परिक सम्बन्धों पर इन प्रभावों की व्याख्या, इंसानी समाज के आर्थिक वर्ग-भेद और उनमें निरन्तर टकराव के फलस्वरूप अनिवार्य परिणामों और प्रभावों का स्पष्टीकरण, क्रान्ति के अनेक कारण और उनके सामने आने और आगे बढ़ने के रहस्यों और भेदों को अनुसन्धान और विश्लेषण के द्वारा स्पष्ट करना, राजकीय स्तर पर अत्याचार और शोषण के आंतरिक विरोध पर प्रगाढ़ दृष्टि के साथ चिन्तन और उन राक्षसी वृत्तियों के पराजित और नष्ट होने पर मानवीयता के सच्चे इतिहास के एक बौद्धिक और यथार्थपूर्ण मानचित्र का इस प्रकार निर्माण करना कि भूतकाल से भविष्य तक उसका स्वरूप तर्कसंगत रूप में सामने आ जाए—यह मेरा काम है। ये कछुए और ख़रगोश से सम्बन्धित पूछताछ आपने मुझसे खूब की।''

बेचारे कछुए की साँस ऊपर-की-ऊपर, नीचे-की-नीचे रह गई। घबराकर जो साँस अन्दर को खींचीं तो झुर्रियों वाले चेहरे के नीचे गर्दन में घीघे

की तरह कुछ फूल-सा गया। फिर धीरे-धीरे ये बैठ गई तो ऐसा लगा कि इनकी जान में जान आई। प्रो. साहब से कुछ कहने का साहस कहाँ था। कुछ सहमी-सहमी आवाज़ से मुल्ला जी से बोले, "मुल्ला जी, क्या बात हुई? क्या प्रोफेसर जी हम से कुछ रूठ गए? इतनी ढेर-सी गालियाँ हमें क्यों दे डालीं? हमने अनजान होने के कारण एक बात पूछी थी, वह तो बरस ही पड़े। समझे तो हम कुछ नहीं और आप शब्दकोश भी ले आते तो कहाँ तक मुझे सब शब्दों का अर्थ बताते और गालियों का अर्थ शब्दकोश में भी कहाँ तक मिलता, पर यह तो बताइए कि यह ऐसे क्यों रूठ गए? मैं इनसे क्षमा माँगता हूँ। अब कुछ नहीं पूछूँगा—बस, चुप ही भली।"

मौलवी ग़ुफ़रान, जिन्हें लड़के आपस में ग़ुफरग़ाट कहा करते थे, उनके नाम में सीमा और आर्यायी भाषाओं की दो कठोर ध्वनियों के संयोग से ऐसा सन्देह होता था कि वे सख़्त किस्म के आदमी हैं, मगर सच यह है कि बड़े सरल स्वभाव के आदमी थे। उन्हें कछुराम पर वैसे ही दया आ रही थी और प्रोफेसर साहब के शुभ मस्तिष्क से शब्दों का जो झरना प्रवाहित हुआ था, उस पर वह स्वयं आश्चर्यचकित थे। उन्हें यह पता न था कि प्रोफेसर साहब से रात कोई प्रतिक्रियावादी नौजवान उलझ गया था जिसकी वजह से उनका मूड खराब हो गया था। रक्तचाप वैसे ही कुछ ज़्यादा रहता था, सम्भवतया कुछ और बढ़ गया। फिर रात भर सोए नहीं थे। सवेरा होते ही आँख लग गई थी कि मुल्ला जी सुबह ही नमाज़ जल्दी ही पढ़कर उनके कमरे में पहुँच गए और जगा दिया। रात भर जागने के बाद जब सुबह सोते हुए को जगा दिया जाए तो आदमी बहुत खीज जाता है। मुल्ला जी ने किवाड़ खटखटाए तो प्रोफेसर हड़बड़ाकर उठ बैठे। इस डर से कि मुल्ला जी ये न कहें कि सुबह की नमाज़ नहीं पढ़ी, बोले, "अभी नमाज़ पढ़कर लेट गया था कि आँख लग गई।"

मुल्ला जी ने कहा, "आज ज़रा टहलने साथ चलिए, आपको एक बूढ़े पंडित से मिलाएँ। वह आपसे मिलने के लिए बहुत आतुर है।"

प्रोफेसर रात वाले नौजवान से ऐसे रुष्ट हुए थे कि बूढ़े पंडित से मिलने के लिए रुचि पैदा हो गई। अन्यथा सामान्य स्थिति में ये बूढ़ों से बहुत दुखी रहते और उनकी तरफ़ से काफ़ी अरुचिपूर्ण भाव रखते थे। फिर मौलाना के साथ उनके सम्बन्ध भी बहुत प्यार-मोहब्बत के थे। साथ चले आए।

लेकिन कछुए के इस सवाल पर, जिसमें उनके लिए उनकी आदरणीय कला की हँसी उड़ाना ही उद्‌देश्य था, बिफर पड़े वरन् यों शारीरिक रूप से रोगी होने के बावजूद बड़े विनम्र और मिलनसार व्यक्ति थे।

मुल्ला जी ने चाहा कि समझौता हो जाए। कछुराम से बोले, "पंडित कछुराम जी, आपको यह भ्रम हुआ है कि प्रोफेसर साहब ने आपको गालियाँ दी हैं। ये तो अपने इल्म के, जिसे आप विद्या कहते हैं, हुदूदरबा (सीमा-रेखाएँ) बता रहे थे।"

"हुदूदरबा अथवा?" कछुए ने बिना सोचे-समझे पूछ लिया।

"हुदूदरबा अथवा चौहदी यानी यह विद्या चारों तरफ कहाँ तक फैली हुई है।"

"अथवा अपनी विद्या की सीमाएँ बता रहे थे। समझे, हम समझे!" कछुए ने कहा।

"और भाई प्रोफेसर साहब," मुल्ला जी ने कहा, "आपको बड़ी ग़लतफहमी हो गई। पंडित जी का उद्‌देश्य आपकी हँसी उड़ाना हरगिज़ न था। यह बात तो इनके विचार में भी नहीं आ सकती। ये बेचारे तो कई दिन से इस बात का पता चलाना चाह रहे थे कि कभी कछुए और ख़रगोश की दौड़ हुई थी और हुई थी तो कौन जीता और कौन हारा। यह बात उनके जी को लगी हुई है, मुझसे भी पूछ चुके हैं। मैंने कहा था कि यह कोई धर्मशास्त्र की समस्या तो है नहीं कि मैं बता सकूँ, इसलिए इतिहास के एक बड़े विशेषज्ञ को अपने साथ ले आऊँगा। पिछले ज़माने में जो कुछ हुआ है, उसकी खोज यही लगाते हैं और यही उसकी स्थिति जानते हैं। ग़लती हुई तो मुझसे हुई, इनका कोई अपराध नहीं था।"

"क्षमा चाहता हूँ, प्रोफेशर जी, क्षमा दीजिए। मैं भला आपकी हँसी क्या उड़ाता। आप जैसे विद्वानों के दर्शन कब होते हैं। ये ख़रगोश और कछुए की दौड़ का प्रश्न मुझे न जाने कब से सता रहा है। कभी पानी में जाता हूँ, कभी धरती पर आता हूँ। न वहाँ चैन मिलता है, न यहाँ। जी ऐसा बेकल है, नींद नाम को नहीं आती। वैसे भी बुढ़ापे के कारण नींद कम आती है पर इधर तो कई सप्ताह से पलक नहीं झपकी। मेरी बातों में कोई ऊँच-नीच हो गई हो तो क्षमा चाहता हूँ।"

मुल्ला जी और कछुराम यह सब कह रहे थे और प्रोफेसर कपचाक़

अपनी छड़ी घुमाए जाते थे और चुप थे। अन्त में बोले, ‘‘मौलाना, खेद है कि नींद न आने के कारण यह मानसिक दुर्दशा हो गई है। मैं तो आया ही था पंडित जी की सहायता करने, किन्तु इनका सवाल मुझे कुछ ऐसा बेतुका लगा कि मैं समझा कि मेरी, और मैं तो खैर क्या चीज़ हूँ, मेरे विषय की हँसी उड़ा रहे हैं। अपनी हँसी का तो मैं ख़याल नहीं करता, किन्तु मेरे विषय की शान में किसी का अपमान मुझे सहन नहीं। विषय भी कैसा विषय? सम्पूर्ण सृष्टि का भूतकाल इससे जुड़ा है। इस सृष्टि की उत्पत्ति करनेवाला और उसका स्वामी मनुष्य जाति के जीवन, उसके भूतकाल और भविष्य के बारे में निर्णय का उत्तरदायित्व इससे सम्बन्ध रखता है। नहीं, विषय की शान में कोई गुस्ताख़ी सहन नहीं की जा सकती। मैं समझा, यह मेरे विषय को कुत्ते, बिल्ली, कछुए और ख़रगोश की कहानी समझते हैं। इसलिए मेरा कर्त्तव्य था कि इन्हें बता दूँ और मैंने बताया। हाँ, कुछ विस्तार से और कुछ तीव्रता से कि मेरा विषय यह नहीं है। मौलाना, मेरा हाल यह है कि नागवारी में बात बढ़ जाती है और बल पैदा हो जाता है। ये गरीब समझे कि मैं गालियाँ दे रहा हूँ, गालियाँ। कहाँ इतिहासकार और कहाँ गालियाँ। मानव के भूतकाल की व्याख्या करनेवाला और गालियाँ! सम्भवतया, यह मेरी भाषा भी नहीं समझते इसलिए मौलाना, आप इन्हें पूरी तरह इत्मीनान दिला दीजिए कि मैंने इन्हें गाली नहीं दी, यह मेरा काम नहीं है। गालियाँ देते होंगे अपने व्यक्तित्व को बनाए रखने के लिए राजनीतिज्ञ, अपनी खबरों को बेचने के लिए पत्रकार या अप्रसन्नता और बदमिज़ाजी में कवि और लेखक। इतिहासकार को गालियाँ देने की फ़ुर्सत कहाँ! हाँ, तो तसल्ली दे दीजिए इन्हें कि मैंने गाली नहीं दी और ये मुझे माफ़ कर दें कि मैंने इनके सवाल का जवाब नहीं दिया। इस कछुए और ख़रगोश के सम्बन्ध में, सम्भव है, साहित्य के प्रोफेसर आपके दोस्त इनकी सहायता कर सकें। मुझे असमर्थ जानकर क्षमा कर दीजिए और हाँ, वापस नहीं लौटना, बहुत वक़्त हो गया।’’

मुल्ला जी ने कहा, ‘‘यार प्रोफेसर, बहुत बहकने लगे हो। चलते-चलते राजनीतिज्ञों, पत्रकारों, लेखकों और शायरों को भी लपेट लिया। खैर, झगड़ा खत्म करें।’’ फिर मुस्कुराकर कछुए से कहा, ‘‘ये क्षमा चाहते हैं। मेरे मित्र की बातों में कुछ ऐसी तीव्रता थी कि आप समझे कि गालियाँ दे रहे हैं।

गालियाँ तो होती ही हैं ज़ोरदार, मगर और बोल भी तो ज़ोरवाले होते हैं, सब गालियाँ नहीं होते। आप तो सहम गए। इनका मतलब अथवा वही मतबल बुरा न था और अब इन्होंने बहुत सही राय दी है कि किसी अदब के माहिर से आपका प्रश्न पूछा जाए। कल हो सका तो उन्हें साथ लेता आऊँगा।''

''ये अदब क्या हुआ मुल्ला जी?'' कछुए ने पूछा।

''कैसे बताऊँ...अदब वह होता है, जिसमें बड़े सुन्दर शब्दों में आदमी के दिल की बातें कही जाती हैं। शब्दों में कभी ऐसी मिठास घोल देते हैं कि गुड़ से ज़्यादा मीठे लगते हैं। कभी वह प्रवाह होता है कि लगता है, नदी उमड़ आई। वह ज़ोर भर देते हैं कि शब्द दिलों को हिला दें, पहाड़ों को चीर दें। उसमें कहानियाँ लिखते हैं जिन्हें लोग पीढ़ियों तक याद रखें। उसमें शब्दों को ऐसे जोड़ते हैं कि वह सुनते ही दिल में उतर जाए। लोग उन्हें गाते हैं, गुनगुनाते हैं, आनन्द लेते हैं। उसमें आदमी को अपना स्वरूप दिखाई देता है, जैसे आईने में कोई अपनी सूरत देख रहा हो! अदब हँसाता है, रुलाता है, जी को गरमाता है, हिम्मत दिलाता है, साहस बढ़ाता है। हमारे गुण-अवगुण सब हम पर खोल देता है और न जाने क्या-क्या होता है उसमें। मैं तो धर्मशास्त्र का अध्यापक हूँ, पूरी बात नहीं जानता मगर यही सब होता है अदब।''

कछुआ बहुत ध्यान से सुनता रहा और बोला, ''मुल्ला जी, जो तुमने बताया, इससे तो हमें ऐसा लगता है कि अदब साहित्य को कहते होंगे।''

''हाँ, हाँ, ठीक कहते हो पंडित जी। साहित्य को ही कहते होंगे, इसीलिए कि वह जो हमारी दिल्ली में साहित्य अकादमी है, वह अदब ही की संस्था तो है। ठीक है, अदब अथवा साहित्य।''

''अच्छा, तो मुल्ला जी, कल साहित्य के पंडित को अवश्य लाना। अधिक समय बीतता जाता है और व्याकुलता दिन-प्रतिदिन बढ़ रही है। मुझ पर दया करके कल ही उन्हें साथ ले आना मुल्ला जी।''

''बहुत अच्छा पंडित जी, कल ही साथ लाऊँगा उन्हें। बस, अब चलें, आदाब।''

''नमस्ते मुल्ला जी और प्रोफेशर जी, रूठे तो नहीं हो प्रोफेशर जी।''

"सब ठीक है," मुल्ला जी ने कहा और मौलवी ग़ुफ़रान और प्रोफेसर कपचाक़ दोनों पुल की ओर चल पड़े।

"अच्छे झमेले में फँसे हम तो," कछुए ने कहा, "फिर, अब देखूँ, साहित्य वाला क्या कहता है। कहीं वह भी गरम न होने लगे। एक सीधी-सी बात पूछता हूँ और कोई नहीं बताता। न जाने कैसी विद्या है इन विद्वानों की। अब देखूँ, कल क्या होता है!"

मौलवी ग़ुफ़रान की रुचि कछुए के सवाल में बढ़ती जाती थी। पाठशाला में वापस आए तो पहले न नहाए, न धोए, न नाश्ता किया, सीधे डॉ. फ़िलफ़ौर के कमरे पर पहुँचे। डॉ. फ़िलफ़ौर को बहुत आश्चर्य हुआ कि आज सवेरे-सवेरे मौलाना कैसे भूल पड़े। वह सुबह-सवेरे हुक्का पिया करते थे और उसमें ज़रा ऊँघ भी जाते थे। नहाने में कोई ज़्यादा रुचि न थी। पाचन-शक्ति कमज़ोर थी इसलिए नाश्ते में भी ज़्यादा रुचि नहीं लेते थे। अभी तो ये हुक्के की ही मंज़िल में थे, मौलाना गुफ़रान ने 'अस्सलामोअलेकुम' हलक से जो निकाला तो ये चौंक पड़े। बोले, "मौलाना, आज कैसे आपने अपने चरणकमलों से इस स्थान को पवित्र किया है? आइए-आइए, तशरीफ़ रखिए और मौलाना, नाश्ता भी आज यहीं हो जाए।"

मौलाना ने कहा, "बहुत शुक्रिया, मगर मैंने अभी स्नान भी नहीं किया है।"

डॉ. फ़िलफ़ौर बोले, "मौलाना, ये स्नान की आपने खूब कही। क्या आपका हर रोज़ स्नान करना अनिवार्य होता है?"

मौलाना की कतरी हुई मूँछों और दाढ़ी के बीच बहुत पतली-सी मुस्कान की एक रेखा दिखाई दी। बोले, "डॉ. साहब, आदत-सी हो गई है, अनिवार्यता की बात नहीं है।"

"फिर तो नाश्ता यहीं हो," फ़िलफ़ौर ने कहा। "साथ में मैं भी कुछ खा लूँगा।"

मौलाना ने कहा, "क्यों, खैरियत है? अकेले आप कुछ नहीं खाते?

क्यों, क्या बात है?''

''क्या बात! बात क्या होती?'' डॉ. फ़िलफ़ौर ने कहा, ''वही कब्ज समस्त रोगों की जड़—'कब्ज़'। सप्ताह-सप्ताह बीत जाता है। बस, सप्ताह में एक बार नहाता हूँ और सप्ताह में एक ही बार अवसर आता है कि 'कब्ज़' न हो।''

''बड़े आश्चर्य की बात है,'' मौलाना ने कहा, ''आश्चर्य, मगर यह नाश्ता और 'कब्ज़' का किस्सा तो किसी और दिन तय करेंगे, आज तो आपको एक तकलीफ़ देने आया हूँ।''

''कुशल तो है, कहिए,'' डॉ. फ़िलफ़ौर ने कहा।

मौलाना बोले, ''कुछ ऐसी बात नहीं। मैं सुबह-सुबह टहलने के लिए नदी पर जाता हूँ, वहाँ एक कछुए से मुलाक़ात हुई।''

''कछुए से! आपने क्या कहा—कछुए से?''

''जी हाँ, कछुए से।''

डॉ. फ़िलफ़ौर ने हुक्के की नै रख दी और कहा, ''कछुए से और आपकी मुलाक़ात के शब्द पर तलाश की दाद देता हूँ।''

''नहीं भाई, डॉक्टर इसमें खूब कहने की क्या बात है! जो मुलाक़ात हुई, बातें हुईं, बेचारा बड़ा नेकदिल, भला-सा बूढ़ा है, बड़ी उलझन में फँसा है। मुझसे एक बात पूछी, वह धर्मधास्त्र सम्बन्धी न थी, इसलिए मैं तो जवाब न दे सका। दूसरे दिन प्रोफेसर कपचाक़ को लेकर गया। वह प्रश्न भूतकाल की एक घटना से सम्बन्धित था। मैं समझा कि भूतकाल के भेदों को जाननेवाले और उसके साक्षी इतिहासकार ही होते हैं। वह जो गए तो उस गरीब कछुए ने उनसे वही सवाल किया। ये तो ऐसे बिगड़े कि मेरा दिल धड़कने लगा और मैं 'हे भगवान, हे भगवान' पुकार उठा। प्रो. समझे कि उस बूढ़े ने जान-बूझकर उनका अपमान किया है और उनसे अधिक उनके विषय को तुच्छ समझा है। वह भाषण दिया कि कछुआ तो कछुआ, मेरे भी छक्के छूट गए। इतिहास की जो रूपरेखा बताई तो ऐसा लगा कि धर्म-ज्ञान से थोड़ा परे है। अतः उस गरीब का सवाल जहाँ का तहाँ रहा।''

''तो मैं क्या कर सकता हूँ मौलाना?''

''प्रो. कपचाक़ जब ज़रा ठंडे हुए तो उन्होंने यह बताया कि सवाल

कथा-कहानियों से सम्बन्धित है, अर्थात् अदब से सम्बन्ध रखता है। इसलिए किसी अदब के विशेषज्ञ से पूछा जाए। मैं नदी से सीधे आपके पास आया हूँ कि कल मेरे साथ थोड़ी देर के लिए चलिए। उस बूढ़े कछुए को सन्तोष हो जाए।''

''तो मौलाना, सवाल आख़िर क्या था?''

''सवाल उसका यह है कि प्राचीन काल में कभी ख़रगोश और कछुए में दौड़ हुई थी कि नहीं और हुई तो जीत किसकी हुई, इसका प्रामाणिक उत्तर चाहता है।''

''ओह, वही ईसपवाली कहानी! चलूँगा, आपके कहने पर अवश्य चलूँगा। अच्छा हुआ कि आपसे सवाल पूछ लिया। बहुत अधिक अध्ययन के कारण स्मरण-शक्ति दुर्बल हो गई है और सम्भवतया इसकी वजह 'कब्ज़' भी हो। समय पर अपने साहित्य के इतिहास के नोट देख लूँगा और प्रश्नकर्ता को विस्तार से समस्त जानकारी दे दूँगा।''

''बहुत अच्छा, तो अब मैं चलूँ। कल सवेरे आपको लेने आऊँगा।''

''और वह नाश्ता, मौलाना? नाश्ता तो करते जाते।''

''नहीं डॉक्टर, अब हमें जाने दो। बिना स्नान किए खाने को जी नहीं चाहता।''

''आपकी खुशी। यदि मैं भी खाने के लिए यही शर्त लगा दूँ तो सम्भवतया सप्ताह भर खाना न मिले।''

''अच्छा खुदा हाफ़िज़ (भगवान आपकी रक्षा करें, कल मिलेंगे)।''

सवेरे की नमाज़ पढ़कर मौलाना ग़ुफ़रान जल्दी-जल्दी डॉ. फ़िलफ़ौर के पास पहुँचे। डॉ. अभी सो ही रहे थे। मौलाना ने किवाड़ खटखटाया, कुछ शोर-सा किया तो यह आँखें मलते हुए यह सोचकर कि मौलाना सुबह की नमाज़ सामूहिक प्रार्थना के रूप में अदा करते हैं, कुछ लजाते और क्षमा चाहते हुए बोले, ''मैं क्या करूँ, ये कष्टदायी 'कब्ज़' सोने नहीं देता। इसी कारण जल्दी सवेरे नहीं उठ पाया।'' फिर उठे, मुँह पर पानी

का छींटा मारा और अपना पुराना रबड़सोल का जूता पहना जिसके तले में एक छोटा-सा छेद हो गया था, जो उस ज़माने की यादगार है जब यह भी सुबह सवेरे टहलने जाया करते थे। यह जूता शाम से ही इस महान् कार्य के लिए तैयार कर रखा था। हाँ, तो यह जूता पहना और मौलाना के साथ हो लिए।

नदी पर पहुँचे तो कछुआ न जाने कब से प्रतीक्षा में बैठा था। स्वागत के लिए इंच दो-इंच आगे बढ़ा, दुआ-सलाम हुई और मौलाना ने उससे कहा, ''अपने वचन के अनुसार साहित्य के एक बड़े जानकार को साथ लाया हूँ। साहित्य का सारा हाल इन्हें मालूम है। अब इनसे अपनी बात पूछ लो।''

कछुए ने कहा, ''पंडित जी महोदय, हमारा प्रश्न यह है कि आपकी पुस्तकों में कहीं लिखा है कि पुराने युग में ख़रगोश और कछुए की दौड़ हुई थी कि नहीं और हुई थी तो जीत किसकी हुई थी, सचमुच कौन जीता था? मुँहदेखी मत कहना, पंडित जी महोदय। खरी-खरी बात हमें बता दो कि कौन जीता था।''

डॉ. फ़िलफ़ौर साहित्य के प्रोफेसर थे, तुलनात्मक भाषा विज्ञान से उन्हें बहुत लगाव न था। पंडित जी महोदय और प्रश्न—दोनों पर खटके और मौलाना की तरफ़ अभियोग-भरी दृष्टि से देखा। मौलाना ताड़ गए। जब कछुए ने अपना वाक्य पूरा किया तो उन्होंने डॉ. फ़िलफ़ौर से कहा, ''इन्होंने आपको 'पंडित जी महोदय' आदर में कहा है। आप तो इनकी बातों के सन्दर्भ से ही अगला-पिछला सब समझ गए होंगे। प्रश्न से आशय सवाल है।''

''जी हाँ, मौलाना, सवाल दिलचस्प है और इसमें अनुसन्धान के बहुत-से पहलू हैं। संक्षेप में कहता हूँ। वस्तुस्थिति यह है कि जानवरों की और कभी-कभी जानवरों और मनुष्यों की मिली-जुली कहानियाँ प्राचीन काल से भारत और यूनान के साथ विशेष रूप में जुड़ी रही हैं। किन्तु इनमें ज़्यादातर हिस्सा इन दो देशों का है—भारत और यूनान का। ये कथाएँ यूनान में ईसप के नाम से जानी जाती हैं। भारत में ज़्यादातर जातक कथाओं से, जो गौतम बुद्ध के जन्म से सम्बन्धित कहानियाँ हैं। आजकल हमारे पास ईसप की कथाओं के नाम से जो संग्रह है, वह यूरोप में छपाई का काम

प्रारम्भ होने के थोड़े ही दिन बाद सन् 1480 ई. में हाइज़श इंशटाइन हावल ने लैटिन और जर्मनी भाषा में छापा था। आठ-दस साल के अन्दर-अन्दर इसका अनुवाद इतालवी, फ्रांसीसी, अंग्रेजी और डच भाषाओं में हो गया। इस संग्रह में जो कहानियाँ हैं, वह फीडरस नाम के एक यूनानी ने ईसवी की प्रथम शताब्दी में कविता में लिखी थीं। इनके अतिरिक्त कुछ कहानियाँ यूनानी कथाओं से भी ली गई हैं जिन्हें 'ईसप' की वास्तविक कृति समझा जाता था, किन्तु अनुसन्धान ने सिद्ध कर दिया कि ये भी पहले कविता में थीं, और इनके लिखनेवाला तीसरी शताब्दी ई. के प्रारम्भ में एक राजकुमार का अध्यापक गुरु था। इस कविता में लिखनेवाले ने लिखा है कि उसने कुछ कथाएँ 'ईसप' से ली हैं और कुछ दूसरे स्थानों से। ये दूसरी कथाएँ सिंहल द्वीप के राजदूत के द्वारा सन् 52 ई. में यूरोप पहुँची थीं। फीडरस के किस्सों में भी भारतीय तत्त्व मिलता है।''

कछुए पर इस व्याख्यान का न जाने क्या प्रभाव पड़ा कि उसने आँखें बन्द कर लीं। मौलाना ने भी सोचा कि सवाल से असम्बन्धित ज्ञान की प्रवाहमयी अभिव्यक्ति गरीब कछुए के कुछ काम नहीं आएगी। धीरे से बोले, ''डॉक्टर साहब, बात को इतना लम्बा न खींचिए, संक्षेप में जवाब दे दीजिए, इनकी सन्तुष्टि हो जाएगी।''

मौलाना की आवाज़ सुनकर कछुए ने आँखें खोल लीं। मगर डॉ. फ़िलफ़ौर को बीच में इस तरह बात काटना बिलकुल अच्छा न लगा, बोले, ''हज़रत मौलाना, माफ़ करें। मेरी बात कोई बीच में काटता है तो मुझे अत्यन्त दुख होता है। मैं आपसे कह चुका हूँ कि 'कब्ज़' की वजह से मेरी स्मरण-शक्ति दुर्बल हो गई है। निरन्तर अध्ययन की वजह से ज्ञान का इतना अधिक भंडार एकत्र हो गया है कि एक की सामग्री दूसरे की सामग्री में मिल जाती है। इसलिए मैं नोट रखता हूँ। रात ही इस समस्या पर मैंने आपकी वजह से अपने नोट देखे हैं। अब अगर आप मुझे अपनी बात पूरी नहीं करने देंगे तो न जाने बात कहाँ-से-कहाँ पहुँच जाएगी और इस स्वच्छ जल में जो कि आपके सामने रख रहा हूँ और न जाने क्या-क्या मिल जाए और सच तो यह है कि मैं यह सब आपसे कह रहा हूँ। इन कछुआ साहब से मुझे क्या लेना-देना, मैं तो इनके प्रश्न को आपका प्रश्न समझता हूँ और एक ज्ञानवान को एक विद्वान से जिस

शान के साथ बात करनी चाहिए, उस शान से बात कर रहा हूँ। आप मुझे बोलने दीजिए, कृपा करके बीच में न बोलिए। हाँ, तो मैं क्या कह रहा था, बात बिलकुल दिमाग़ से निकल गई।''

''तौबा,'' मौलाना ने कहा, ''आप किसी फीडरस की चर्चा कर रहे थे कि उसकी कथाओं में भी भारतीय प्रभाव मिलता है।''

''ठीक-ठीक, हाँ, इन्हीं कथाओं में भारतीय प्रभाव मिलता है। भारत में वैसे भी जानवरों की शिक्षाप्रद कथाएँ, हितोपदेश में और इससे भी पहले जातक कथाओं में मिलती हैं। ये कथाएँ भारत से श्रीलंका पहुँची जहाँ ईसा से 300 वर्ष पूर्व और लगभग इस यात्रा से पूर्व इनको कोई 200 वर्ष बीत गए थे। जातक कहानियों में एक कहानी वर्तमान काल की होती है और एक कहानी भूतकाल की। वर्तमान की कहानी से शेख कहिए या गुरु, कथाकार को भूतकाल की कहानी याद आती है और वह उसका वर्णन करता है और अन्त में एक पंक्ति में उसका सारांश प्रस्तुत करता है।''

आज डॉक्टर साहब के इस व्याख्यान में नदी का-सा प्रवाह था। उधर वह गरीब कछुआ चुप दम साधे आँखें मूँदे, इधर मौलाना बेचैनी की अवस्था में। सावधान किए जाने पर भी मौलाना से न रहा गया और वह बोले, ''भाई डॉक्टर, खुदा के लिए चुप करो। इस बेचारे के सवाल का जवाब देना हो तो दे दो अन्यथा इस गरीब पर कृपा करो और मुझे बख्शो। अच्छा, चलो, घर चलें। दिन चढ़ रहा है।''

डॉ. फ़िलफ़ौर ने जवाब देने से पहले गला साफ़ करने के लिए ज़रा खकारा तो मुँह से रातवाले पान की छालियाँ निकल पड़ीं, गला ठीक से साफ़ नहीं हुआ तो बैठी हुई आवाज़ में बोले, ''देखिए मौलाना, आप फिर बीच में बोले। पूरी बात आपको और इन महोदय को न बताएँ तो जवाब कैसे होगा? मैं अधूरे काम का अभ्यस्त नहीं हूँ। या चुप रहता हूँ या पूरी बात कहता हूँ। थोड़े फेर-बदल के साथ ग़ालिब की ये पंक्तियाँ मेरे भावों को अभिव्यक्त कर रही हैं :

''पुर हूँ मैं इल्म से यों राग से जैसे बाजा
इक ज़रा छेड़िए फिर देखिए क्या होता है।''

(मैं इस तरह ज्ञान से भरा हुआ हूँ जैसे बाजा राग से भरा होता है।

तनिक छेड़िए तो फिर आप देखेंगे कि उससे क्या-क्या निकलता है।)

छन्द-योजना से सजे वाक्य के प्रभाव से डॉ. फ़िलफ़ौर की आवाज़ ख़ुद-ब-ख़ुद खुल गई।

"आपने छेड़ा है तो पूरी बात सुनाऊँ, लाहौलवला कूवत (शैतान के कान बहरे) मैं बात फिर भूल गया कि कह क्या रहा था। मौलाना, आप बात काटकर कैसा अत्याचार करते हैं। बताइए, मैं क्या कह रहा था?"

मौलाना ने कहा, "जी तो नहीं चाहता कि बताऊँ। मेरी स्मरण-शक्ति अभी ठीक है इसीलिए आपके व्याख्यान का बोझ मैं अपने मस्तिष्क पर अनुभव कर रहा हूँ। आपके पास तो सुलभ उपाय है, भूल जाते हैं और ताज़ा दम होकर नए सिरे से आक्रमण शुरू कर देते हैं।"

"मौलाना, ये बातें रहने दीजिए। बताइए कि मैं क्या कह रहा था? अधिक अन्तराल होगा तो मुझे कड़ी मिलाने में बड़ी दिक्कत होगी। बताइए, शीघ्र बताइए।"

मौलाना ने कहा, "हाँ भई, बताना ही पड़ेगा। आप जातक कथाओं में वर्तमान काल की कहानियों के भूतकाल की कहानियों के साथ मिलने की चर्चा कर रहे थे।"

"हाँ, वास्तव में मैं ये कहना चाहता था कि भूतकाल की कहानियाँ और ईसप की कहानियाँ बहुत मिलती-जुलती हैं। ईसप की कुछ कहानियाँ महाभारत की कुछ कहानियों से मिलती हैं और मौलाना, इस पर लोगों ने बहुत सिर मारा है कि कहानियाँ यूनान से हिन्दुस्तान पहुँचीं या हिन्दुस्तान से यूनान। अनुसन्धानकर्ताओं ने इसका समाधान यहूदियों, मुद्राशी (मुद्राराक्षी) साहित्य की तीस कहानियों से किया है कि एक-दूसरे की इनसे मिलती-जुलती कहानियाँ भारतीय भी हैं और यूनानी भी, किन्तु याद रखने की बात यह है कि जहाँ यहूदियों की कहानी यूनानी कहानी से भिन्न है, वहाँ सदा हिन्दुस्तानी कहानी के अनुरूप है। ये बात आनुमानिक स्थिति से बहुत दूर है कि यूनानी कहानियों के अनुवाद हिब्रू भाषा में हुए और फिर वे भारत पहुँचे। अनुमान के अनुरूप ये कहानियाँ भारत से यूनान गई हैं। सबसे प्राचीन भारतीय संग्रह चौथी शताब्दी ई.पू. बल्कि इससे भी पूर्व का था, अर्थात् पंचतन्त्र, हितोपदेश उसी के बाद का रूप है जिनमें

अलग-अलग कहानियों का वर्णन करके एक सूत्र में बाँध दिया गया है। 'कलीला' व 'दमना' के रूप में यह कथा प्राचीन फारसी और अरबी के माध्यम से लैटिन भाषा में पहुँची और इस पर अनेक कथाकारों ने नई-नई कथाओं का निर्माण किया। यूरोप में उन पर क्या गुज़री। फीडरस की लैटिन कविता, बाबरीस की फुसफुसी-यूनानी गद्य—'मेरी-फ्रांस' का अंग्रेजी से 103 कहानियों का अनुवाद और 'बराख़िया नक़दान' अंग्रेज यहूदी की एक सौ सात कहानियों का संग्रह जिसका नाम था—'मशलेशवालम' अर्थात् लोमड़ी की कहानियाँ और 'इंस्टाइन हाविल', 'लानान तैन' और 'बिनफाई' और 'मेक्समूलर' के अनुसंधान को विस्तार से सुनाने को जी चाहता है। किन्तु आप तो पहले से ही कसमसा रहे हैं मौलाना। मैंने व्यर्थ में ही रात देर तक इस विषय पर अपने नोट देखे।"

"बहुत-बहुत धन्यवाद डॉ. साहब," मौलाना ने कुछ आतुरता से कहा, "इस कहानी को खत्म ही कीजिए। आपके ज्ञान के इस सागर में इस गरीब कछुए का सवाल तो डूबकर ही अदृश्य हो गया है। अब भी आप बता सकें तो बताइए कि वास्तव में ख़रगोश और कछुए की दौड़ हुई थी या नहीं और हुई थी तो कौन जीता था? कहानी तो हमने भी सुनी है और इस कछुए ने भी। मगर वास्तविकता क्या थी?"

कछुए ने भी जो आँखें बन्द किए सो-सा गया था, आँखें खोलीं, ध्यान दिया। कभी मौलाना की तरफ़ ताकता तो कभी डॉ. फ़िलफ़ौर की तरफ़।

डॉ. फ़िलफ़ौर ने कहा, "वास्तव में, इस सम्बन्ध में देखने की बात यह है कि हमारे यहाँ यथार्थ के दो रूप हैं। एक आन्तरिक और दूसरा बाह्य। इसी प्रकार यथार्थ का एक रूप काल्पनिक भी होता है। साहित्य पर अधिक प्रभाव इसी काल्पनिक यथार्थ का होता है। वह सच्चाई जिसे हम वस्तुवाद के रूप में देखते हैं, वह भिन्न-भिन्न प्रकार से कवि की भावना और उसके काल्पनिक जगत पर अपना प्रभाव छोड़ती है। उससे नई-नई सच्चाइयों का निर्माण होता है और एक अछूती, निराली सच्चाई उत्पन्न होती है। कवि की कल्पना-शक्ति इन अनेकानेक सच्चाइयों को अलग-अलग रूप में स्वीकार करके नए रूप में परिवर्तित करती है और कभी कम और कभी अधिक रूप में उनका प्रयोग कर एक नया सम्मिश्रण

तैयार करती है। उसकी नई इमारत में कहीं की ईंट होती है, कहीं का रोड़ा, कहीं से बहुत, कहीं से थोड़ा। इस नई वास्तविकता को वह अपनी अभिव्यक्ति के बल से शब्दों का जामा पहनाता है।''

''डॉक्टर, मार डाला, मार डाला तुमने। ये क्या पहेलियाँ बुझा रहे हो? कुछ पल्ले नहीं पड़ा। आख़िर इस ख़रगोश और कछुए वाले किस्से से इस सबका क्या सम्बन्ध?''

''जनाब मौलाना, साहित्य का इतिहास प्रस्तुत करता हूँ तो वह आपको अच्छा नहीं लगता, साहित्य की रूपरेखा पर प्रकाश डालता हूँ तो आपके पल्ले कुछ नहीं पड़ता, मैं क्या करूँ? मैंने जो ज्ञान प्राप्त किया है, साहित्य की ऊँची शिक्षा देने का दायित्व मुझ पर है, उसकी ही रोटी खाता हूँ। यदि मैं कथाएँ, वे भी जानवरों की सुनाता फिरूँ और उनकी व्याख्या करता फिरूँ तो मुझ पर धिक्कार है। सच तो यह है कि साहित्य की उच्च शिक्षा में तो जानवरों की कथाएँ तो क्या, साहित्य के बड़े-बड़े महान ग्रन्थों की तरफ़ ध्यान देना भी अनावश्यक-सा हो गया है। साहित्य की ऐतिहासिक जड़ों तक पहुँचना व्यक्तिगत और सामूहिक रूप से दोनों की तह तक पहुँचना हमारा काम है। इसमें सारी उम्र बीत जाती है। काव्य पढ़ने से पहले कवि के जीवन को विस्तार से जानना आवश्यक होता है। उससे जीवन को समझने के लिए उसके सामाजिक वातावरण पर भरपूर दृष्टि की आवश्यकता होती है। सामूहिक वातावरण में उस जाति के भूतकाल के सारे इतिहास को जानना अनिवार्य है। ये मोती ऐसे आकर्षक हैं कि फिर किसी तरफ़ देखने को जी नहीं चाहता। मैंने अभी हज़रत फ़िगफ़ौर पर जो शोध-प्रबन्ध प्रकाशित किया है, जिस पर अकादमी का पहला पुरस्कार मिला है, उसमें सात सौ पृष्ठ हैं, जिसमें तीन सौ पृष्ठों में कवि की जीवनी है, उसके समकालीन लेखकों की संक्षिप्त किन्तु प्रामाणिक जीवनियाँ हैं और तीन सौ पचास पृष्ठों में उसके सामाजिक या सामूहिक वातावरण का ऐसा विवरण है कि भारत और ईरान के इतिहास पर प्राचीन काल से वर्तमान काल तक की ऐसी घटनाओं पर जिन्होंने इतिहास की गति को प्रभावित किया है, विहंगम दृष्टि डाली है। पचास पृष्ठों में आवश्यक सन्दर्भ हैं। कविता जिन छन्दों में है उनकी परिचर्चा की गई है और काव्य के लगभग दो सौ शब्दों का एक कोश है और एक निर्देशिका भी है और हाँ, भूल

गया, इस भाग में उर्दू और फारसी के शब्दों की इमला से सम्बन्धित एक संक्षिप्त किन्तु ज्ञानवर्द्धक परिचर्चा भी है।''

कछुए ने फिर आँखें बन्द कर ली थीं। मौलाना बराबर पैतराँ बदल रहे थे। उनकी सहनशक्ति जवाब दे गई, बोले ''बस, जाने दो डॉक्टर महोदय! अच्छे डॉक्टर निकले तुम तो! सवाल का जवाब बनता नहीं, व्यर्थ की बातें कहे चले जा रहे हो।''

''आपका वार्तालाप साहित्यिक स्तर और सभ्यता के दृष्टिकोण से नीचे गिरता हुआ दिखाई देता है।''

मौलाना सँभले और बोले, ''भई, माफ़ करो, आपकी लम्बी बात से जी ऊब गया और आश्चर्य इस पर है कि इसमें पते की बात अभी भी नहीं।''

''अर्थात् क्या?''

''अर्थात् यह कि इस ख़रगोश और कछुए वाली कहानी की वास्तविकता क्या है?''

''सुनाऊँ मौलवी साहब, वास्तविकता का मसला तो मैं समझा चुका हूँ, विस्तार से बयान करूँगा तो आप क्रोध करेंगे। बात यह है कि इन जानवरों की कहानियों में लेखक जानवरों को ज्ञान के लिए एक प्रतीक या विशेष नाम के तौर पर प्रयोग करता है। मनुष्य की विशेषताओं और बुराइयों को जानवरों के चरित्र के रूप में बयान करता है। उदाहरण के लिए—जैसे हिम्मत के लिए शेर, लालच के लिए भेड़िया, मक्कारों के लिए लोमड़ी, भोलेपन के लिए भेड़ का बच्चा। नैतिक मूल्यों का यह पहला आधार है। मक्कारी अर्थात् लोमड़ीपन, बहादुरी शेरपन, निर्दयता अर्थात् भेड़ियापन तीव्र गति अर्थात् ख़रगोशपन, धीमी गति अर्थात् कछुआपन। बच्चों के सीधे-सादे मस्तिष्क के लिए इनमें आकर्षण होता है। कुछ हँसी की बातें भी होती हैं जिन्हें बच्चे पसन्द करते हैं। इन कहानियों में जिन उपदेशों की शिक्षा दी जाती है, वे भी सीधे-सादे होते हैं, अर्थात् जानवरों की विशेषताओं से मिलती-जुलती श्रेष्ठ विशेषताएँ। उदाहरण के लिए ज्ञान, सौन्दर्य, भलमनसाहत, लिहाज़दारी ये उनकी पहुँच से बाहर होते हैं।''

''भई डॉक्टर, क्या दिमाग़ पाया है! क्या अभिव्यक्ति पाई है आपने!

सारा सवेरा बीत गया और हम हैं कि आपके सुन्दर भाषण के जल-प्रवाह में भँवर की तरह चक्कर काट रहे हैं। संक्षेप में बताइए कि इस कहानी में कछुआ जीता था या ख़रगोश?''

''जनाब, कहानी में कहानी होती है। न कोई हारता है, न कोई जीतता है। यों तो ख़रगोश हारा था, कछुआ जीता था लेकिन उसके साथ शर्तें हैं। ख़रगोश को दौड़ में सो जाना चाहिए और कछुए को जागते रहना, चलते रहना चाहिए। अगर ख़रगोश प्रतीक है तीव्र गति का और कछुआ प्रतीक है धीमी गति का तो यह परिणाम व्यर्थ है। किन्तु यदि कहानीवाला ख़रगोश या किस्सेवाला ख़रगोश गलत अभिमान का, स्वप्न अवस्था का प्रतीक है और कछुआ निरन्तर प्रयास और जागरूकता का प्रतीक है, तो इस निष्कर्ष पर पहुँचना स्वाभाविक है। किन्तु ये सब बताना मेरा काम नहीं। आप सुनें तो कछुए के सम्बन्ध में कुछ और सुनाऊँ। ख़रगोश के सम्बन्ध में ज़्यादा ज्ञान नहीं रखता। अभी इस विषय पर मैं सन्तोषजनक अध्ययन नहीं कर पाया हूँ। हाँ, तो कछुए को लीजिए, कछुआ अमेरिका और एशिया के बहुत से आदिवासी नागरिकों के मतानुसार वह जीवित वस्तु है, जिसकी पीठ पर दुनिया टिकी हुई है। मुँडारी कौल जाति के लोग इसकी पूजा करते हैं। कहीं-कहीं इसकी बलि भी दी जाती है। सच है, कभी नौका गाड़ी पर और कभी गाड़ी नौका पर। मेडागास्कर और जावा में लोग समझते हैं कि कछुए को पानी से निकाल दो तो जल-प्रलय हो जाता है। बाद के वेद-ग्रन्थों में कछुए को ब्रह्मस्वरूप माना गया है। यजुर्वेद में इसे जल का स्वामी कहा गया है। अथर्वेद में यह कश्यप नाम से प्रजापति के साथ-साथ दिखाई देता है। या यह स्वयं प्रजापति है जिसके लिए 'स्वयंभू' विशेषता का प्रयोग हुआ है यानी स्वयं स्थापित। शतपथ ब्राह्मण में चर्चा है कि जब प्रजापति ने और सब चीज़ों को बना लिया तो स्वयं कछुए का रूप धारण कर लिया। सम्भवतया इसी वजह से हिन्दी अन्तरकथाओं में कछुए को विष्णु का अवतार कहते हैं।''

मौलाना ज़रा कसमसाए तो डॉक्टर साहब ने दाहिने हाथ की पहली अँगुली के संकेत के साथ-साथ उनको क्रुद्ध स्वर में बोलने से रोक दिया और अपनी बात को आगे बढ़ाया, ''सुनिए, अभी और सुनिए। प्राचीन चीनी, कछुए के खोल से परोक्ष की बातों का पता चलाते थे।''

मौलाना : "परोक्ष की बातें, लाहौलवलाकुवत इल्ला बिल्ला (शैतान के कान बहरे, अल्लाह के सिवाय कोई नहीं)।"

"यह तो ठीक है," डॉ. ने कहा, "किन्तु चीनी तो मालूम क्या करते थे परोक्ष का हाल! कछुआ तो अपनी जान से जाता था और ये उसके ऊपर का सख़्त खोल अलग कर लेते थे।"

(कछुआ जो ऊँघ रहा था? यहाँ चौंक पड़ा और सहमी-सहमी दृष्टि से मुल्ला जी की तरफ़ देखने लगा। जब उन्होंने कुछ न कहा और डॉक्टर साहब की आवाज़ आती रही तो उसने फिर आँखें मूँद लीं।)

"उसे अलग करके अपनी विशेष स्याही उसमें डालते थे। उनकी स्याही का विषय भी बड़ा रोचक है। उसके साथ उनकी सुलेख कला और चित्रकला के बहुत-से पहलू भी जुड़े हुए हैं। कहिए तो चलते-चलते बताता चलूँ?"

मौलाना : "ईश्वर के लिए रहने दीजिए। परोक्ष की विद्या का हाल क्या कम था कि आप इसमें स्याही की कथा भी मिलाना चाहते हैं? जवाब क्या हुआ, शैतान की आँत हो गया!"

डॉक्टर : "देखिए मौलाना, ये शैतान की आँत जो आपने कहा, यह वही काल्पनिक वास्तविकता है। आपने न शैतान को देखा है, न उनकी आँत को, न उसे नापा है। मगर कल्पना में आपने शैतान का एक स्वरूप बना लिया है। कुछ विशेषताएँ उसके साथ जोड़ ली हैं। उसमें आँत को भी न जाने क्यों जोड़ दिया गया! बातचीत में न जाने क्यों काल्पनिक वास्तविकता का प्रयोग करते हैं और यह काल्पनिक वास्तविकता साहित्य का अंग बन गई है।"

मौलाना बेसब्री से बोले, "माफ़ कर दो डॉ. साहब, ग़लती हुई जो मैंने इस काल्पनिक वास्तविकता का प्रयोग किया। अब आप जवाब को ख़त्म कर देते तो अच्छा था। ज्ञान में असीम वृद्धि हो चुकी है और ज़्यादा से डर है कि कहीं मानसिक हैजा न हो जाए।"

"और मैं जो इससे हज़ार गुना जानकारी अपने में लिए बैठा हूँ, मुझे हैजा नहीं हुआ। मैं तो अब भी 'कब्ज़' का शिकार हूँ और कब्ज़ भी कैसा कब्ज़! भगवान अपनी पनाह में रखे, ऐसा 'कब्ज़'! आपको हैजा हो जाएगा, मगर तौबा, मैं भूल गया कि क्या कह रहा था। क्या करूँ

मौलाना, जल्दी बताइए, अन्यथा बातचीत का सिलसिला टूट जाएगा। वह बेजोड़ हो जाएगी और मैं न जाने किधर भटक जाऊँ।''

मौलाना ने कहा, ''मुझे याद नहीं कि आप क्या कह रहे थे? आख़िर कोई कितना याद रखे? अब ख़त्म कीजिए ये कहानी।''

डॉक्टर बोले, ''देखो मौलाना, बातचीत के बीच में छेड़ते नहीं हैं। इस काली दाढ़ी पर ऐसी चुहलबाज़ी अच्छी नहीं लगती। आपको सब कुछ याद है। सारा कुर्आन तो कंठस्थ है और मेरी ज़रा-सी बात याद नहीं, यह कैसे हो सकता है? (लजाते हुए) बता दो भाई मौलवी, मैं क्या कह रहा था।''

''बुरे फँसे हैं आज तो, बताना ही होगा। आप चीनी स्याही की कुछ चर्चा ही कर रहे थे। ये याद नहीं कि कछुए और ख़रगोश से उसका क्या सम्बन्ध था।''

''फिर वह ख़रगोश, मैं तो कह चुका हूँ कि ख़रगोश के सम्बन्ध में मेरा अध्ययन बहुत सीमित है और कछुए के सम्बन्ध में स्पष्ट ही है। चीनी कछुए के खोल में स्याही डालते थे और फिर उसे अँगीठी पर सेंक देते थे तो फिर स्याही खोल की रेखाओं में इस तरह फैल जाती थी जैसे कुछ लिखा हो और उस लिखाई को पढ़ना वह जानते थे और आनेवाली घटनाओं का पता चला लेते थे। अन्ततः कछुआ, मौलाना, कछुआ आश्चर्यजनक वस्तु है। इस पर अलग से शोध-ग्रन्थ लिखा जा सकता है।''

मौलाना बोले, ''खुदा के लिए दया करो डॉक्टर, दया करो मुझ पर और इस ग़रीब बूढ़े कछुए पर। अपराध हुआ, बड़ा अपराध हुआ कि आपको कष्ट दिया। आप शोध-प्रबन्ध अवश्य लिखिए, अब हमें क्षमा कर दीजिए, बख्श दीजिए। आपके साहित्य, अनुसन्धान, आलोचना और अन्तर्कथाओं, सबकी दुहाई देता हूँ, बख्श दीजिए!''

''मौलाना, रुष्ट होने की क्या बात है?'' डॉ. फ़िलफ़ौर ने कहा, ''आपने मुझ फ़िलफ़ौर पर कृपा करते हुए इसका पात्र समझा कि किसी ज्ञानात्मक मुद्दे पर मुझसे परामर्श करें। मैं जो कुछ जानता था, सब आपके सम्मुख प्रस्तुत कर दिया। सब तो ख़ैर नहीं, किन्तु कुछ ज़रूरी चुन-चुनकर संक्षेप में आपके सामने प्रस्तुत कर दूँ। सम्भवतया काफ़ी होगा। अधिक विस्तार की आवश्यकता हो तो मुझे बता दीजिएगा। आवश्यक सन्दर्भों को देखकर

सब बातें निकाल दूँगा। स्मरण-शक्ति पर विश्वास नहीं रहा है। बुरा हो इस कमबख़्त 'कब्ज़' और नींद न आने का।''

मौलाना कुछ कहना ही चाहते थे कि डॉक्टर ने कहा, ''हाँ, एक बात तो रह ही गई, आपने अपने दोस्त कछुए को 'ग़रीब बूढ़े' के शब्दों से खूब सम्बोधित किया। इनकी आयु क्या होगी—यही कोई तीन-चार सौ वर्ष! ये तो अभी जवान हैं। आसानी से डेढ़-दो सौ वर्ष और खींच सकेंगे।''

''कछुए के सम्बन्ध में...'' मौलाना ने कहा, ''देखिए, बहुत हो चुकी, अब आप आयु के सम्बन्ध में अनुसन्धान का नया अध्याय न प्रारम्भ कीजिए। मैंने आपकी बात मान ली। जब कुछ विस्तार से पूछना होगा तो अवश्य आपसे पूछ लूँगा (दिल में मौलाना कह रहे थे कि धिक्कार है कमबख्त पूछनेवाले पर)। बल्कि आप कछुए पर जो शोध-प्रबन्ध लिखेंगे, उसी को पढ़ लूँगा। मगर डॉक्टर, उस पर भूमिका किसी बड़े अर्थात् प्रसिद्ध व्यक्ति से ज़रूर लिखवाना। ये बात ज़रूर याद रहे कि वह ज्ञानवान न हो। ये ज्ञानवान बड़े और प्रसिद्ध कम होते हैं और फिर स्वयं आपका लेखन कौन कम बोझिल होगा कि इसमें वह और कुछ बढ़ा सकें। भूमिका से कहते हैं कि पुस्तक का भार ज़रा बढ़ जाता है। किसी राजनीतिक नेता से लिखवाना, जो पुस्तक पढ़े बिना ही भूमिका लिख दे। वह ज़रा हलकी-फुलकी रहेगी।''

''मौलाना, ये राय आप मित्रता में दे रहे हैं या सूखे मुँह से मेरी हँसी उड़ाने की कोशिश में लगे हैं?''

''खुदा मुझे माफ़ करे। डॉक्टर साहब, मैं और आपकी हँसी! इस समय तो किसी भी तरह किसी भी प्रकार हँसी की शक्ति ही नहीं बची है।''

''खैर, अब मैं चला।'' डॉ. फ़िलफ़ौर ने कहा, ''आपको तो सम्भवतः अभी अपने दोस्त से कुछ बातें करनी होंगी। मैं व्यर्थ में क्यों बाधक होऊँ?'' ये कहकर डॉक्टर साहब तो चल खड़े हुए।

मित्र अर्थात् कछुआ साहब पहले ध्यान-मग्न में थे, फिर सो गए थे। ख़ामोशी जो हुई तो चौंक पड़े। शोर में आँख झपक जाए तो ख़ामोशी से नींद टूट जाती है। मौलाना को अपने मित्र पर बड़ी दया आ रही थी कि इस ग़रीब की समस्या को कोई हल नहीं करता।

कछुआ बोला, "मुल्ला जी, क्या वह गए? तनिक आँख मुँद गई थी, क्षमा चाहता हूँ, पर यह तो बताइए मुल्ला जी, मैं ये किस चक्कर में फँस गया हूँ? आपको भी इतना कष्ट दिया। आप प्रोफेसर जी को लाए, डागटर जी को लाए पर ऐसा लगता है कि ये मेरी समस्या को कुछ न समझे। या हो सकता है कि मैं न समझा हूँ कि ये क्या कह रहे हैं, किन्तु सच यह है कि हमारे पल्ले तो कुछ नहीं पड़ा। आप मुल्ला जी, समझे हों तो समझे हों।"

मुल्ला जी ने कहा, "सच कहते हो कछुराम, मैं तो बस इतना समझा कि ये बड़े-बड़े ज्ञानवान स्वयं कितने बड़े-बड़े मूर्ख होते हैं। हमारे यहाँ कहते हैं—'अल इल्म हिजा बुंल अकबर', इल्म अथवा विद्या बहुत बड़ा परदा है, आँखों पर पड़ जाता है, कानों पर पड़ जाता है, दिल पर पड़ जाता है। बस, जुबान चलती रहती है। मुझे तुमसे बहुत लाज आती है कछुराम जी, जो मैं इन लोगों को तुम्हारे पास लाया।"

"नहीं मुल्ला जी, आप क्यों लजाएँ, आपने तो अच्छा ही किया था। ये मेरी परौबलम कि कुछ हाथ न आया। इस कारण पूछता हूँ कि हृदय की व्याकुलता किसी तरह नहीं जाती। ये तो खोज लगा ही दो मुल्ला जी कि कौन जीता था—कछुआ अथवा ख़रगोश?"

मुल्ला जी ने कहा, "भाई कछुराम, मैं तो स्वयं इसी सोच में हूँ। जब डॉक्टर साहब न जाने क्या-क्या इधर-उधर की बातें कर रहे थे तो मैं यही सोच रहा था कि तुम्हारी गुत्थी कैसे सुलझे। मैंने सोचा, ये किताबें अथवा पुस्तक पढ़नेवाले अपनी पुस्तकों के बोझ से दब जाते हैं। खुद सोचते-समझते नहीं हैं। अब की किसी ऐसे से पूछूँ जो बस विचार से, अक्ल से अथवा बुद्धि से काम ले और तुम्हारा प्रश्न सुलझा दे।"

"हाँ, मुल्ला जी, अवश्य कीजिए। ईश्वर तुम्हें अच्छा रखे। आपने तो मेरे दिल में घर कर लिया है मुल्ला जी।"

मुल्ला जी ने कहा, "अच्छा, कल मैं अपने एक और साथी को लाऊँगा। उनका काम ही सोच-विचार है। वह मंतक़ और फ़लसफ़ा (तर्कशास्त्र और दर्शन) पढ़ाते हैं अथवा—अथवा नहीं जानता कि मंतक़ को तुम्हारी भाषा में क्या कहते हैं।"

कछुआ बोला, "कहते होंगे कुछ भी, इससे क्या? आप जिसे ठीक

जानें, ले आएँ, मेरी समस्या तो सुलझे।''

''अच्छा, तो अब जाता हूँ, कल सुबह अलफ़लसेफ़ुलहिन्दी (भारतीय दार्शनिक) को साथ लाऊँगा।''

यह महापुरुष जिनकी चर्चा मौलाना ने की, पाठशाला में मंतक़ और फ़लसफ़े की शिक्षा देते थे। इनसे जब कोई किसी मसले में किसी प्रसिद्ध दार्शनिक का मत पूछता तो कहते कि उसकी किताब पढ़ो, पता चल जाएगा। मुझसे मेरा पूछो। मैं दूसरे दार्शनिकों का दलाल नहीं हूँ। स्वयं दार्शनिक हूँ।

अच्छे-खासे प्रतिभावान व्यक्ति थे। शिष्य तो उनके बहुत कम थे, इसलिए कि दर्शनशास्त्र पढ़नेवालों को दूसरे दार्शनिकों के मत जानना ज़रूरी होते थे और यों भी अब तर्कशास्त्र और दर्शनशास्त्र कौन पढ़ता है! हाँ, ये हर सभा में आगे-आगे रहते, परिचर्चा और वाद-विवाद में भाग लेते थे। हर बात में अनपेक्षित बारीकियाँ निकालते थे। स्वयं अपने ऊपर भी व्यंग्य कसते रहते थे। इसलिए लोग इनसे कतराते न थे बल्कि इन्हें पसन्द ही करते थे।

इनका नाम वास्तव में अल्लाहदत्ता था। पंजाब के रहनेवाले थे। शिक्षा जौनपुर और लखनऊ में प्राप्त की थी। वहाँ के वातावरण में उन्हें अल्लाहदत्ता नाम स्वयं ही अच्छा नहीं लगा तो उन्होंने आन्तरिक शिष्टाचार को ध्यान में रखते हुए अपना नाम मौला-बख़्श रख लिया।

मौलाना ग़ुफ़रान वाली पाठशाला में आए तो यहाँ मौला-बख़्श एक महापुरुष थे जो बिस्कुट बेचा करते थे और फर्नीचर का व्यापार भी करते थे। ये ऐसे कि बिस्कुट बिना झिझक उधार देते रहते। हिसाब भी मौखिक रूप से होता था। जब कोई विद्यार्थी पाठशाला छोड़कर जाता तो कर्ज़ की अदाई में उसका सारा फर्नीचर रखवा लिया करते थे। फर्नीचर पर तो इन नए उस्ताद को कोई आपत्ति न थी किन्तु कोई बिस्कुट बेचनेवाला नाम में उनसे समानता रखता हो, यह बात किसी भी रूप में उनके लिए रुचिकर नहीं थी।

उन्होंने सोचा, एक बार फिर नाम बदल लें। अभी पाठशाला में आए कुछ ही दिन बीते थे। लोग उनसे और उनके नाम से पूरी तरह परिचित भी नहीं हुए थे। नियुक्ति-पत्र भी अभी उन्हें नहीं मिला था। उन्होंने शेख़ (प्रबन्धक) से जाकर कहा, "नियुक्ति-पत्र में मेरा नाम अलफ़लसेफुलहिन्दी लिखा जाए। इससे मेरी सही पहचान हो सकेगी। नाम की समता व्यक्तियों की समता बन जाती है और यूँ ऊटपटाँग नाम से कुछ पता नहीं चलता कि व्यक्ति में क्या गुण हैं। मैं अपने इस नए नाम का कार्ड भी छपवा दूँगा जिससे मेरे नाम की व्यक्तिगत विशेषता का पता भी चलेगा।"

शेख़ ने कहा, "सूझबूझ, शालीनता, स्वभाव, प्रेम और उदारतापूर्ण व्यवहार में अपने उदाहरण आप स्वयं ही हैं," और हलकी-सी मुस्कान के साथ उन्होंने उनकी प्रार्थना को स्वीकार कर लिया और इन महान पुरुष का नाम उस दिन से आज तक अलफ़लसेफ़ुलहिन्दी ही है। अल्लाहदत्ता और मौला-बख़्श नाम की जानकारी सिर्फ़ दो-चार साथियों को है।

बात कहाँ की कहाँ पहुँच गई। आज सवेरे जो डॉ. फ़िलफ़ौर की बातों में मौलाना ग़ुफ़रान को बहुत देर हो गई थी, इसलिए सीधे अपने घर आए। स्नान और नाश्ता करके जल्दी-जल्दी पाठशाला गए। पहले ही घंटे में उन्होंने पढ़ाना था। दिन पढ़ाई और दूसरे कामों में बीत गया। शाम को मौलाना अलफ़लसेफ़ुलहिन्दी के पास गए और उन्हें सारी घटना सुनाई। कैसे कछुए से भेंट हुई, प्रोफेसर कपचाक़ और डॉक्टर फ़िलफ़ौर के साथ क्या बीती, कछुए के साथ अपनी मित्रता और गहरी सहानुभूति की चर्चा भी की और अलफ़लसेफ़ुलहिन्दी से कहा कि आप किसी तरह उस बूढ़े को सन्तुष्ट कीजिए।

अलफ़लसेफ़ुलहिन्दी ध्यान से सुनते रहे, फिर बोले, "मौलाना, देखिए, साफ़ बात अच्छी होती है। कथा, कहानी, इतिहास और साहित्य से मुझे खुद लेना-देना नहीं। ये विशेषज्ञता का काल है और मैंने अपने मस्तिष्क को चिन्तन और मनन के लिए पूरी तरह समर्पित कर दिया है। मैं तो इस समस्या पर स्वयं विचार करूँगा और मेरी बुद्धि के अनुसार कछुए का दौड़ में जीतना सम्भव या अनिवार्य हुआ तो मैं यह शुभ सूचना उन्हें पहुँचा दूँगा। कथाओं के बल पर कोई बात भरोसे से नहीं कही जा सकती। अच्छा, तो सवाल को ज़रा स्पष्ट कर लें।"

“दौड़ ख़रगोश और कछुए में हो तो कौन जीतेगा?”

“इस विषय पर विस्तारपूर्वक बातों में जाए बिना यदि यह सवाल किया जाए तो मैं कह सकता हूँ कि कछुआ भी जीत सकता है और ख़रगोश भी। हाल और स्थिति को देखते हुए यह निर्णय होगा कि कौन जीतेगा? शास्त्रीय तर्क सम्भवतः यह होगा कि ख़रगोश तेज़ दौड़ता है और कछुआ धीरे-धीरे चलता है, किन्तु यह शास्त्रीय तर्क अन्तिम तर्क नहीं। यदि अनुभव पर आधारित है तो स्वयं अनुभव के आधार पर कोई निर्णय लेना ठीक नहीं होगा। इसे बहुत आसानी से तोड़ा जा सकता है। अनुभव हर रोज़ सुबह-शाम तक झूठ बोलता है, धोखा देता है, रेत को पानी बताता है, सूरज को धरती के चारों ओर घूमता हुआ बताता है, आदि-आदि। अच्छा, मौलाना, रात में मैं इस समस्या पर चिन्तन करूँगा और सवेरे आपके साथ चलकर कछुए से मिलूँगा।”

सवेरे-सवेरे मौलाना अलफ़लसेफ़ुलहिन्दी के घर पहुँच गए। दोनों साथ-साथ नदी पर गए। रोज़ाना की तरह कछुआ न जाने कब से प्रतीक्षा में बैठा था। दोनों को देखकर उसकी बाछें खिल गईं, बोला, “आओ मुल्ला जी, आओ, और महोदय तुम भी पधारो।”

मुल्ला ने कहा, “कछुराम, यह मेरे दोस्त अलफ़लसेफ़ुलहिन्दी हैं। मैंने इन्हें बता दिया है कि तुम्हें क्या प्रश्न सता रहा है। ये इसे अच्छी तरह सोचकर आए हैं और तुम्हें सब ऊँच-नीच समझा देंगे।”

“पा-लागन महाशय जी।”

कछुए की जुबान प्रोफेसर और डॉक्टर पर तो लौट गई थी मगर ये अलफ़लसेफ़ुलहिन्दी शब्द उसकी पकड़ से बाहर था।

“पा-लागन महाशय जी और मुल्ला जी! ऊँच-नीच की इसमें कौन-सी बात है? बस, इतना बता दें कि कछुआ जीता था या ख़रगोश? पक्की बात हो जाए कि कछुआ जीता था तो हम कल से ख़रगोश के साथ दौड़ निश्चित कर लेंगे।”

अलफ़लसेफ़ुलहिन्दी ने कहा, “जनाब कछुआ साहब, आप मेरे मित्र

मौलवी ग़ुफ़रान के दोस्त हैं। इन्होंने मुझे आपका सवाल बता दिया है, मगर मैं यह नहीं बता सकता कि जीत किसकी हुई थी। मैं दौड़ के समय खड़ा हुआ तो नहीं देख रहा था और यदि देख भी रहा होता तो यह बात कब अनिवार्य थी कि जो कुछ मैंने देखा, वही ठीक होता? देखने में भी तो बड़े-बड़े धोखे होते हैं। इसलिए इस बात पर कोई विवाद नहीं हो सकता।''

(कछुए ने बड़ी दीन दृष्टि से मुल्ला जी की तरफ़ देखा। सम्भवतः यह वाद-विवाद वाली बात उसकी समझ से बाहर थी, किन्तु मौलाना ने संकेत किया कि चुप हो जाओ। पूरी बात खोलेंगे तो सब समझ में आ जाएगा। बीच-बीच में ज़रा ग़ोता लगे तो सँभल जाना।)

''कम-से-कम मेरे लिए इसका होना न होना एक-सा है। सवाल तो यह है कि यदि तुममें और ख़रगोश में दौड़ हो तो कौन जीतेगा? कौन जीता था नहीं, कौन जीतेगा? भविष्य में भूतकाल का दोहराना तर्कसंगत नहीं कहा जा सकता।''

कछुए ने फिर मुल्ला जी का मुँह ताकना शुरू किया। मुल्ला जी ने फिर अर्थभरा संकेत किया।

''हाँ, कौन जीतेगा, इस प्रश्न में तीन स्थितियाँ हैं—पहली स्थिति यह कि ख़रगोश तेज़ दौड़े, तुम धीरे-धीरे चलो। वह भी बराबर दौड़ता रहे और तुम भी बराबर चलते रहो तो फिर तुम हारोगे, ख़रगोश जीतेगा।''

कछुए ने एक गहरी साँस खींची, आँखें ज़रा-ज़रा गीली हुईं, बोला, ''तो ये सब हमने जो सुन रखा था, सब झूठ था? ख़रगोश जीतेगा?''

अलफ़लसेफ़ुलहिन्दी ने कहा, ''कछुआ साहब, जल्दी न कीजिए। जो बात मैंने कही, वह पहली स्थिति है और उसके साथ भी शर्तें हैं। ये शर्त कि ख़रगोश तेज़ दौड़ता है, आप धीरे-धीरे चलते हैं और आप दोनों बराबर चलते हैं तो ऐसी हालत में ख़रगोश जीतेगा।''

''तो महाशय, और क्या स्थिति होगी?''

''यही तो है।''

''तो फिर मेरी हार अवश्य है?''

''नहीं साहब, धीरज धारण करो, धीरज।''

''दूसरी स्थिति यह है कि आप तेज़ चलते हैं, ख़रगोश धीरे चलता है

और आप दोनों बराबर चलते हैं, ऐसी स्थिति में आप जीतेंगे।''

''मैं जीतूँगा?''

''हाँ, ज़रूर जीतेंगे, अगर शर्तें पूरी हों कि आप तेज़ चलते हों और ख़रगोश धीरे चलता हो और आप दोनों बराबर चलते रहें।''

''मुल्ला जी,'' कछुए ने हसरत : भरी आवाज़ में कहा, ''मुल्ला जी, क्या यह हमारी हँसी कर रहे हैं? ये शर्त पूरी होती तो हम इनसे पूछते ही क्यों। इतना तो हम भी समझते हैं, हम तेज़ होते और वह सुस्त तो हम जीत ही जाते, इसमें पूछने-ताछने की क्या बात थी?''

''नहीं-नहीं, कछुआ साहब, बात स्पष्ट है। शर्त पूरी नहीं होगी तो आप नहीं जीतेंगे। लेकिन सुनिए, एक स्थिति और भी है कि ख़रगोश ही तेज़ दौड़ता है और आप धीरे-धीरे चलते हैं, किन्तु आप बराबर चलते रहते हैं और ख़रगोश बीच में कहीं सो जाता है तो फिर यदि वह उचित समय पर न उठे और न दौड़े तो आप धीरे-धीरे चलकर भी जीत जाएँगे।''

''मैं जीत जाऊँगा?''

''हाँ, यही कह रहा हूँ, मगर यह भी तो शर्त लग रही है कि ख़रगोश रास्ते में सो जाए।''

''मुल्ला जी, तो वह सोएगा क्यों, उसे कौन सुलाएगा?''

अलफ़लसेफ़ुलहिन्दी ने कहा, ''अगर ख़रगोश सोएगा नहीं या रुकेगा नहीं, अर्थात् यदि वह ठीक दिशा में अपनी निश्चित गति से, जो आपकी गति से तीव्र है, गतिशील रहेगा तो फिर वही पहली स्थिति होगी जो मैंने बताई थी, और ख़रगोश जीतेगा।''

कछुए ने फिर एक ठंडी साँस खींची और कहा, ''और फिर वह ख़रगोश ही जीत जाएगा?''

मुल्ला जी ने कछुए को सान्त्वना दी और कहा, ''घबराइए नहीं, ये एक-एक स्थिति अलग-अलग बता रहे हैं। अब तक इन्होंने जो स्थितियाँ बताई हैं, उनमें तुम दो स्थितियों में जीत सकते हो यदि ख़रगोश दौड़ में सो जाए, रुक जाए अथवा तुम ख़रगोश से ज्यादा तेज़ दौड़ो।''

अलफ़लसेफ़ुलहिन्दी ने कहा, ''नहीं, मुल्ला जी, पूरी बात कहिए कि दोनों स्थितियों में शर्त यह भी है कि ख़रगोश की गति तीव्र हो और कछुए की सुस्त और एक में शर्त यह है कि कछुए की गति तीव्र हो और

ख़रगोश की धीमी।''

मुल्ला जी ने कछुए की वकालत करते हुए कहा, ''हज़रत अलफ़लसेफ़ुलहिन्दी, यह तो स्पष्ट ही है कि ख़रगोश की गति तीव्र है और कछुए की धीमी, और ये बात सभी जानते हैं कि कछुआ ख़रगोश से तेज़ नहीं दौड़ सकता।''

अलफ़लसेफ़ुलहिन्दी ने जवाब दिया, ''होगा मुल्ला जी, लेकिन मैं यह नहीं कहता, न कह सकता हूँ। यह तो अनुभव पर आधारित ज्ञान है। ऐसा होना सम्भव भी हो सकता है और असम्भव भी। तर्क के नियमानुसार इसे अनिवार्य नहीं माना जा सकता। अनुभव को तर्क में मिलाने से जो धोखे हो सकते हैं, उनकी ओर मैं पहले संकेत कर चुका हूँ। बुद्धिमानों को संकेत ही पर्याप्त होता है। याद रहे कि मैं तो वह कहता हूँ जो तर्कसंगत होता है। केवल अनुमान और भ्रम के आधार पर दूसरे लोग अपनी सोच का निर्माण कर सकते हैं।''

''मैं आपसे विवाद नहीं करना चाहता और आपसे विवाद में भला कौन जीत पाएगा? मगर सीधी बात यह है कि मैं भी जानता हूँ और मेरे मित्र कछुराम जी भी जानते हैं कि ख़रगोश तेज़ दौड़ता है और ये आहिस्ता-आहिस्ता चलते हैं। इसलिए दूसरी स्थिति जो आपने बताई, वह पैदा नहीं होगी। रही तीसरी, उस पर किसी का वश नहीं। कौन कह सकता है कि ख़रगोश सो जाएगा या बीच ही में रुक जाएगा, गतिहीन हो जाएगा?''

''तो महाशय फिर वह होगा जो अक्ल कहती है।''

''माना, किन्तु आप क्या कोई और स्थिति नहीं निकाल सकते, जिससे गति के सम्बन्ध में हमारा अनुमान सही हो तो भी कछुआ जीत पाए?''

''आप पूरी बात भी तो सुनें। मैंने क्या सारी उम्र भाड़ झोंकी है कि कछुए के जीतने की शर्तें केवल बुद्धि के बल से न निकाल सकूँ? आप सुनें तो सही।''

कछुए की जान में जान आ गई, बोला, ''महाशय जी, बताइए तो यह कैसे हो?''

मुल्ला जी बोले, ''हाँ, हज़रत अलफ़लसेफ़ुलहिन्दी, अवश्य बताइए।''

अलफ़लसेफ़ुलहिन्दी ने कहा, ''अनुमान करता हूँ, आपके बार-बार कहने

पर अनुमान करता हूँ। विवेकानुसार तो यह उचित नहीं कि ख़रगोश तेज़ दौड़े और कछुआ धीमी गति से चले, किन्तु अनुमान किए लेता हूँ कि ऐसा ही है। इस विचार से कि आप दोनों भी अपने-अपने मस्तिष्क पर ज़रा ज़ोर डालें और मेरी बातों को समझने की कोशिश करें। एक प्रश्न आपसे पूछता हूँ—यह जो आप ख़रगोश और कछुए की गति के सम्बन्ध में मुझे बता रहे थे, ये दौड़ सूखी धरती पर होगी या पानी के अन्दर?''

''महाशय जी, पानी के भीतर की आपने अच्छी कही। वहाँ बेचारे ख़रगोश की क्या चाल, वह तो पानी में उतरते ही दो डुबकियाँ खाएगा और मर जाएगा, मैं तो पानी में काफ़ी तेज़ तैरता हूँ।''

''तो फिर मेरी बात समझने में आपने इस बात का ध्यान नहीं रखा और मैंने यदि गति सम्बन्धी कुछ शर्त लगाकर बात कही तो आपको आश्चर्य क्यों हुआ?''

मुल्ला जी बीच में बोले, ''क्षमा कीजिए, जैसे हम वैसी हमारी समझ। आप तो यह बताइए कि दौड़ सूखी धरती पर हो और गति के सम्बन्ध में हमारा विचार सही हो कि ख़रगोश तेज़ दौड़ता है और कछुआ धीमी चाल से चलता है तो क्या कोई स्थिति कछुए के जीतने की हो सकती है?''

''मुल्ला जी, आप तो बहुत जल्द भूल जाते हैं। एक स्थिति बता तो चुका हूँ। ख़रगोश दौड़ के बीच में रुक जाए।''

''जी, जी, वह तो आप कह ही चुके हैं। इसके अतिरिक्त भी कोई स्थिति हो सकती है?''

''हाँ, हो सकती है। आपने कल शाम जब मुझसे इस बात की चर्चा की थी तो उसी समय से मैं इस सोच में पड़ गया था। एक स्थिति बुद्धि के द्वारा कछुए के जीतने की निकली है।''

''वह क्या है महाशय जी?'' मुल्ला जी ने बड़ी आतुरता से पूछा, ''हाँ, वह बताइए, उसी का तो इन्तज़ार है।''

''देखिए, उसकी शर्तें भी समझ लीजिए। शर्तें ये हैं—दौड़ की सही दिशा निश्चित हो, दौड़ का समय निश्चित हो, ख़रगोश और कछुआ दोनों निश्चित दिशा में अपनी-अपनी गति से रुके बिना निरन्तर गतिशील रहें और सबसे महत्त्वपूर्ण शर्त यह है कि दौड़ शुरू होते समय ख़रगोश से कछुआ कुछ-न-कुछ, अनुमान कीजिए, गज़ भर आगे हो।''

कछुआ बड़े ध्यान से सुनता रहा।

मुल्ला जी ने कहा, "ये शर्तें तो पूरी हो सकती हैं। पहली तीन तो साफ़ हैं, चौथी भी पूरी हो सकती है। दौड़ से पहले ख़रगोश को, जो अपनी तीव्र गति का बड़ा घमंड रखता है, इस बात के लिए तैयार किया जा सकता है कि कछुए को अपने से दो क़दम आगे रखे और फिर दौड़ शुरू हो। लेकिन यह तो बताइए कि इस स्थिति में भी कछुए की जीत कैसे होगी?"

"ज़रा ध्यान से सुनिए और बात को स्मृति में बनाए रखने की चेष्टा कीजिए। कछुए और ख़रगोश को भूल जाइए। मैं तो स्थूल की अपेक्षा सूक्ष्म की परिचर्चा करना चाहता हूँ।"

"महाशय जी, आप न जाने क्या करना चाहते हैं, लेकिन बात तो मेरी और ख़रगोश की है। इन्हें भूल जाइए तो प्रश्न ही फिर कहाँ रहा? कृपया बताइए कि ख़रगोश और कछुए की दौड़ में कछुआ कैसे जीते?" कछुआ बोला।

"मुल्ला जी, मैं ऐसी बातों की परिचर्चा कर रहा हूँ जो तर्क और बुद्धि की परिधि में आती हैं। आपके मित्र सम्भवतः इसे न समझें, आप समझ लेंगे तो फिर इन्हें समझाते रहिएगा।"

"कहिए।"

"अनुमान की दो वस्तुएँ हैं–'अ' और 'ब'। दोनों एक सीधी रेखा पर स्थित हैं। एक आगे है, दूसरा पीछे। उनके बीच दूरी है 'द'। दोनों वस्तुएँ गतिशील हैं और अपनी-अपनी गति से निरन्तर चल रही हैं–सीधी रेखा के साथ-साथ, एक दिशा में। अब गति, समय और दूरी से सम्बन्धित कुछ निश्चित नियमों को भी दिमाग़ में रखिए। देखिए, कोई जीव कितनी ही तीव्रता से गतिशील हो, उसे दूरी को तय करने में कुछ-न-कुछ समय लगता है। चाहे दूरी कम हो या ज़्यादा, किन्तु निश्चित स्थान हो। दूसरा निश्चित नियम यह है कि गतिशील जीव चाहे उसकी गति कितनी ही हो, कितनी ही तेज़, कितनी ही धीमी, यदि वह अपनी गति किसी एक निश्चित स्थान की तरफ़ निरन्तर गतिशील रखता है तो कुछ-न-कुछ दूरी ज़रूरी तय कर लेता है, चाहे ये कुछ-न-कुछ दूरी कितनी हो, बहुत या कम।"

मौलाना बोले, "ये दोनों निश्चित नियम तो स्पष्ट ही हैं, इनमें कोई

उलझाव नहीं।''

''बस जी, खुश कर दिया मौलाना आपने, यही तो बात है, स्पष्ट है और स्पष्ट होने से अभिप्राय यह है कि वह जो कुछ हो, बुद्धि उसके विरुद्ध न सोच सके। हाँ, ये जो बातें मैंने कहीं, उनका एक गुण स्पष्ट होना भी है।''

''मगर यह तो कहिए,'' मौलाना बोले, ''इनका सम्बन्ध ख़रगोश और कछुए से क्या है? मुझे तो आप जानते हैं, इस समस्या की चिन्ता है।''

''मैंने सब कुछ तो बता दिया, एक ख़रगोश और कछुए का क्या? सृष्टि के सम्पूर्ण गतिशील प्राणवान जीवों के सम्बन्ध में यही नियम क्रियाशील मिलेगा। इसलिए मैंने ख़रगोश और कछुए का नाम लेकर चर्चा नहीं की।''

''फिर भी बताइए तो ज़रा, यह निश्चित नियम कछुए के इस सवाल पर कैसे लागू किया जाए?''

''सुनिए, एक सीधी रेखा जो पूर्व-पश्चिम की ओर खींची है, उस पर दो वस्तुएँ रखी हैं—'अ' और 'ब'। ब, अ से कुछ आगे है। उनके बीच की दूरी 'द' है। माना कि 'अ' जितनी तीव्रता से गतिशील है, किन्तु निश्चित नियम नं.-2 के अनुसार ये कितनी ही तीव्र गति से चले, 'द' तक की दूरी तय करने में इसे कुछ समय अवश्य लगेगा। इस समय को 'स' कह लीजिए। इधर 'ब' भी बराबर गतिशील है, चाहे कितनी ही धीमी गति से चल रहा हो। ये समय 'स' में निश्चित नियम नं.-1 के अनुसार कुछ दूरी तय करेगा जिसे 'द' (नं.-1) कहें। इस क्रिया के द्वारा दूरी 'द'-1 के तय करने में 'अ' को, चाहे कितनी ही तीव्र गति से चले, कुछ-न-कुछ समय अवश्य लगेगा। इस समय में 'ब' जो निरन्तर गतिशील है, कुछ दूरी तय करेगा जिसे 'द'-2 कह सकते हैं। जब तक 'अ' ये 'द'-2 तय करेगा 'ब', 'द'-3 तय कर लेगा। ये द-1, द-2, द-3 कितनी ही कम हों, किन्तु हैं निश्चित दूरियाँ ही जिनके तय करने में 'अ' को कुछ समय लगेगा। उस समय में 'ब' कुछ-न-कुछ आगे बढ़ जाएगा। ये क्रम जारी रहेगा और 'ब' और 'अ' में कुछ-न-कुछ दूरी अवश्य रहेगी। और 'अ' 'ब' को न पकड़ सकेगा। अतः दौड़ में 'ब' की जीत अनिवार्य है, बुद्धि से अनिवार्य है।''

मौलाना आश्चर्यचकित होकर अलफ़लसेफ़ुलहिन्दी का मुँह तक रहे थे। कछुए के चेहरे पर कुछ प्रसन्नता दिखाई दे रही थी। ज़रा रुकते-रुकते बोले, ''मुल्ला जी, महाशय जी जो कह रहे हैं, वह सब तो हम नहीं समझे पर ऐसा लगता है कि हम जीत जाएँगे। ज़रा यह खोलकर कह देते तो इनका क्या बिगड़ता कि कछुआ जीतेगा?''

अलफ़लसेफ़ुलहिन्दी मुस्कुरा दिए और इससे अधिक प्रसन्नता की अभिव्यक्ति अलफ़लसेफ़ुलहिन्दी अपने ज्ञान की शान के लिए उचित न समझते थे। मुस्कुराए और कहा, ''सारा मसला सरल कर दिया और आपकी फरमाइश अभी बाक़ी है कि खोलकर बयान कर दूँ। मुल्ला जी 'अ' की जगह ख़रगोश को रखना चाहो तो ख़रगोश को रख दो, बाक़ी जगह कछुए को रख दो। दोनों के बीच की दूरी 'द' गज़ भर की रख दो और दौड़ शुरू कराओ। कछुए साहब यदि अपनी निश्चित गति से चलते रहे और रुके नहीं, सोए नहीं तो जीत इनकी होगी। यह बात अक्ल से अनिवार्य है। इस अनुभव में भ्रम और अनुमान के दोगलेपन का कोई दख़ल नहीं है।''

मुल्ला जी बोले, ''समझे कछुराम, दौड़ करना मगर यह न भूलना कि दौड़ शुरू होते समय ख़रगोश से गज़ भर, बल्कि दो गज़ आगे रहना, फिर वह तुमसे आगे नहीं निकल सकेगा। हमारे अलफ़लसेफ़ुलहिन्दी तो सच है, बड़ी दूर की कौड़ी लाए। हमारी-तुम्हारी समझ भला यहाँ तक कैसे पहुँचती?''

''मुल्ला जी, इनके मुँह से कहलवा दो कि हम जीत गए।''

''देखो कछुराम,'' अलफ़लसेफ़ुलहिन्दी ने कहा, ''हमें इस प्रकार भ्रम में घिरे रहना अच्छा नहीं लगता। इससे कहलवा दो, उससे कहलवा दो, हम क्या जानें कि तुम जीतोगे या वह जीतेगा? हमारी योजना के अनुसार दौड़ होगी तो 'ब' जीतेगा। मुल्ला जी तुम्हें 'ब' बना दें तो उनकी ख़ुशी और तुम्हारा साहस। शर्तें पूरी होंगी तो 'ब' जीतेगा और अगर शर्तें पूरी नहीं होंगी तो सारी कथा ही खत्म, ख़रगोश भी समाप्त, कछुआ भी ख़त्म। फिर जो होगा, उसका नक्शा ही दूसरा होगा।''

''मुल्ला जी, क्या हमसे कोई भूल महाशय जी के विषय में हो गई जो यह सब कुछ भस्म किए देते हैं। मैं इनके सब शब्दों को समझा नहीं

हूँ पर जिसे खड़खड़ाहट से इन्होंने खत्म-खत्म कहा है, उससे समझता हूँ कि इनका मतबल है भस्म। ख़रगोश भी भस्म, हम भी भस्म।''

''नहीं-नहीं, कछुराम, इनके दिमाग़ पर इस प्रश्न का उत्तर देने में ज़रा ज्यादा ज़ोर पड़ गया है। बात इन्होंने स्पष्ट कर दी है। हमने जैसा तुम्हें समझाया है, वैसा करना। ज़रूर जीतोगे मगर देखो भाई, गज़-दो गज़ आगे ज़रूर रहना दौड़ शुरू करते समय, कहीं ये शर्त न भूल जाना।''

''शर्त भूल जाएँगे तो सारी बात ख़त्म। अब आप इन्हें समझाते रहें, मैं तो चला। सिर में दर्द होने लगा। मेरे महान गुरु का निर्देश है कि जब कोई समस्या ऐसी हो कि अकल पर ज़ोर देना पड़े तो उसके बाद दिमाग़ को शक्ति प्रदान करनेवाली कोई चीज़ ज़रूर शरीर में पहुँचानी चाहिए। यों तो सूक्ष्म बुद्धि सारी सृष्टि में आदि से अन्त तक क्रियाशील है, उसे थकने से क्या काम, किन्तु मनुष्य में आकर उसका सम्बन्ध दिमाग़ से हो गया है, और दिमाग़ शरीर का अंग है। यह देखा जाता है कि सवार नहीं थकता, घोड़ा थक जाता है। इसे दाना देना होता है। मैं तो मीठे बादाम का शीरा तुख़मेख़्यारीन और तुख़मे कदु को मिश्री में घोल पी लेता हूँ जो थकावट को दूर करनेवाला और दिमाग़ को पुष्ट करनेवाला है। बस, खुदा हाफिज़।''

मुल्ला जी ने कहा, ''ठहरें-ठहरें, मैं ज़रा दो बातें इनसे कर लूँ। मैं भी साथ चलता हूँ। इत्मीनान रखिए, आपके शीरे में शरीक़ नहीं होऊँगा।''

''जी नहीं जनाब, हम तो अब चले।''

मुल्ला जी बोले, ''अच्छा, जाइए, फिर मिलेंगे। बहुत-बहुत शुक्रिया। आपने आज बड़ा काम कर दिया और भाई कछुराम, देखो, तुम्हारे प्रश्न का उत्तर हमारे अलफ़लसेफ़ुलहिन्दी ने क्या दिया है! कमाल कर दिया, कमाल। सवाल को ऐसा चारों तरफ़ से घेरा कि कहीं से निकलने नहीं दिया।''

''अब हम भी चलें। तुम अपने दिल से उलझन दूर कर दो। ख़रगोश तुम्हारे सामने आए, बुलाए, तुम्हें चुनौती दे तो दौड़ निश्चित कर लेना और वह आगे रहनेवाली शर्त याद रहे। जीतोगे, ज़रूर जीतोगे? अच्छा, हम भी चले।''

''मुल्ला जी, धन्यवाद। हृदय से तुम्हारा कृतज्ञ हूँ। तुमने मेरे जी का काँटा निकाल दिया, बहुत आभार मानता हूँ तुम्हारा। अच्छा, जाओ, पर

मिलना अवश्य।''

''इसमें धन्यवाद की क्या बात है! मुझे तो स्वयं तुम्हारे प्रश्न से दिलचस्पी हो गई थी और प्रो. कपचाक़ और डॉ. फ़िलफ़ौर ने जिस तरह तुम्हारा और मेरा सिर खाया और एक बात भी पते की न कही, उससे मुझे बड़ी शर्म आ रही थी। हम विद्वान किस काम के कि तुम्हारी मुश्किल में तुम्हें ज़रा सहारा न दे सकें! मगर अलफ़लसेफ़ुलहिन्दी ने, सच है, हक अदा कर दिया। जी तो उसकी बातों से भी बहुत उलझा इसलिए नहीं कि उसकी बातों में उलझाव था, बल्कि इसलिए कि वह इतनी साफ़ थीं कि उलझी हुई दिखाई पड़तीं और सबसे मुश्किल बात यह थी कि एक ही समय में कई-कई शर्तों को ध्यान में रखना होता था। अब बात स्पष्ट हो गई, बहुत अच्छा हुआ। अच्छा, अब विदा।''

यह कहकर मौलाना गुफ़रान ख़ुश-ख़ुश तेज़-तेज़ डग भरते घर लौटे। नहाए-धोए, नाश्ता किया, सीधी-सादी चाय और मौला-बख़्श के दो अलीगढ़ नस्ल के बिस्कुट खाए तो उनका ध्यान अलफ़लसेफ़ुलहिन्दी के बादाम के शीरे की तरफ़ ज़रूर गया, मगर उस भ्रम को दूर कर ये अपनी कक्षा पढ़ाने लगे। उसके बाद अपनी सब कक्षाओं को वार्षिक परीक्षा का परिणाम सुनाने चले गए।

इम्तिहान में उन्होंने एक लड़के को 50 में से 55 नम्बर दिए थे। परीक्षा परिणाम सुनाते समय प्रधान आचार्य भी उपस्थित थे। वह लड़कों के सामने तो कुछ न बोले पर जब मौलाना क्लास से निकले तो पूछा, ''मौलाना, यह 50 में से 55 आपने कैसे निकाले?''

''मैंने कहीं से नहीं निकाले,'' मौलाना ने कहा, ''मैंने तो अपनी तरफ़ से सफ़ी को 55 नम्बर दिए हैं।''

''मगर मौलाना कुल निश्चित नम्बर तो 50 ही थे।''

''जी, ज़रूर थे। मैंने जमील की कॉपी देखी तो उसने ईश्वर की कृपा से सब सवालों के जवाब ठीक लिखे थे। मैंने उसे 50 नम्बर दे दिए, फिर जब सफ़ी की कॉपी देखी तो उसने भी सब सवाल ठीक किए थे। उसकी लिखाई जमील से अच्छी थी और लिखने की शैली भी मुझे ज्यादा पसन्द आई। अब या तो मैं उसे 50 देता और जमील के नम्बर घटाता ताकि उनमें सही अनुपात बना रहे या सफ़ी को ज़्यादा नम्बर देता। पहली स्थिति

मुझे उचित नहीं लगी, इसलिए दूसरी स्थिति को अपनाया।''

ये दोनों बातें कर ही रहे थे कि सामने से अलफ़लसेफ़ुलहिन्दी गुज़रे। वह अपनी कक्षा पढ़ा कर आ रहे थे। प्रधान अध्यापक ने उनसे कहा, ''हज़रत अलफ़लसेफ़ुल, ज़रा सुनिए तो, मौलाना ग़ुफ़रान ने 50 में से 55 नम्बर एक विद्यार्थी को दिए हैं। इस सम्बन्ध में आप क्या कहते हैं?''

''मैं क्या कहूँ, 55 दिए हैं तो 55 देने चाहिए होंगे।''

''लेकिन हज़रत अलफ़लसेफ़ुलहिन्दी, कम में से ज़्यादा कोई किसी को कैसे दे सकता है? इनके हाथ में कुल 50 नम्बर थे और दे दिए इन्होंने 55, यह कैसे सम्भव है?''

''यह सम्भव है, यह तो इस घटना से ही सिद्ध होता है। रही कम और ज्यादा की बात, यह तो केवल भ्रम मात्र है। 50 नम्बर तो मान लिए गए हैं, 55 इनके दिए हुए नम्बर हैं। इनका मुकाबला क्या और कैसे? अमरूद में से कोई आम नहीं दे सकता। इन्होंने मान लिया, 50 नम्बरों में से कुछ दिया। अपनी इच्छा के अनुसार लड़के को 55 नम्बर दिए हैं। जी चाहता 60 देते, 70 देते और दे देते। समझने का तो सवाल ही नहीं उठता, बस, कर दिया।''

''माफ़ कीजिए हज़रत अलफ़लसेफ़ुलहिन्दी और माफ़ फरमाइए मौलाना। आपने जो किया, वह ठीक ही होगा। मुझे समस्त परीक्षा-परिणाम इकट्ठे करके अभिभावकों को भेजने हैं। कार्यालय जाता हूँ।''

कार्यालय में प्रधान आचार्य ने अपने क्लर्क से कहा, ''भाई, वह नवीं कक्षा का धर्मशास्त्र का जो परीक्षा परिणाम मौलवी ग़ुफ़रान भेजें, उसे ज़रा देख लेना। एक लड़के, सम्भवतः सफ़ी को 50 में से 55 नम्बर दे दिए हैं मौलाना ने। तुम 50 में 50 ही लिखना और जिस विषय में उसके नम्बर कम हों, उनमें ये पाँच नम्बर जोड़ देना।''

परीक्षा परिणाम के तैयार होने पर अभिभावकों को बुलाया गया। पाठशाला में लम्बी छुट्टियाँ हो गईं। मौलाना और अधिकांश अध्यापक अपने-अपने घर चले गए।

इस कछुए ने दौड़ की तैयारी आरम्भ कर दी अर्थात् मानसिक तैयारी

अधिक। मौलाना सवेरे-सवेरे न पहुँचें तो उसे उनकी बड़ी कमी अनुभव होती। वह अपनी विजय की आशा में तैयारी में लीन था और उसका मन मौलाना के प्रति आभारी था। अब उसे यह प्रतीक्षा थी कि किसी दिन ख़रगोश आए, व्यंग्य करे या छेड़े तो उसकी चुनौती को स्वीकार कर लिया जाए। वह चंचल, तीव्र गतिवाला ख़रगोश कुछ दिन बाद आया। तट पर आदमियों के आने-जाने से सहम गया था। उधर से बचकर ही निकलता था। कुछ दूरी पर जो चने का खेत था, वह उससे आगे नहीं बढ़ता था। वहीं बैठ चने का साग मज़े लेकर खाया और लौट गया। कछुए साहब पानी से निकलकर किनारे पर बैठ इन्तजार करते-करते थक जाते और इन्तजार से ज़्यादा थकानेवाला कौन होता है! एक-एक मिनट साल भर का हो जाता है। हाँ, इन्तजार करते-करते थक जाते तो पानी में डुबकी लगा लेते और आन ही आन में अपने सारे क्षेत्र में घूमते। दिल में सोचते कि पानी में ही कुछ-कुछ दौड़ने का अभ्यास करता हूँ ताकि दौड़ के दिन धरती पर जल्दी से हाँफ न जाऊँ। हाँफने से बहुत घबराते थे। दम फूला तो यह समझे कि चले। पानी में उनका दम कभी नहीं फूलता था। अब दो-चार दिन कोई आदमी उधर दिखाई नहीं दिया।(दिखाई कौन देता मौलाना तो घर चले गए थे)।

कछुए को किनारे पर बैठा देखा तो ख़रगोश निकट आया और बोला, "बुढ़ऊ, ये पोपला मुँह कैसे चल रहा है! किस सोच में हो? आओ, कोई खेल खेलें!" यह कहकर दौड़कर दोनों कानों को खड़ा किया फिर नीचे कर लिया।

सात बार यही किया तो कछुए को ऐसा लगा कि व्यर्थ में ये हमारी हँसी उड़ा रहा है, बोला, "बड़े चंचल हो गए हो राजकुमार! बड़ों का सम्मान भी कोई चीज़ है, तमीज़ कब आएगी?"

"क्या तैरने में कुछ पानी पेट में भर गया है बुढ़ऊ, जो ऐसी आढ़ी-तिरछी बातें कर रहे हो?"

"आढ़ी-तिरछी बातें तो तुम करते हो राजकुमार, मैं तो अपने नियमानुसार रहता हूँ। पुरखों से तमीज़ सीखी है, तमीज़ सीखने को कहता हूँ।"

"तो गोया मैं बदतमीज़ हूँ? बदतमीज़ होगे तुम, ज़रा ज़ुबान सँभालकर

बोलो।''

''हे राम, हे राम, राजकुमार, गरम क्यों होते हो? इन दिनों चारों ओर हरे-हरे खेत हैं, इसी मारे कुछ-कुछ फूल गए हो, अपने को भूल गए हो।''

''फूले हुए होगे तुम, ग़ुब्बारा तो बने हुए हो और ग़ुब्बारा तो होता है हलका—तुम तो पत्थर का ग़ुब्बारा हो। किले का किला पीठ पर उठाए फिरते हो और ज़रा चाल तो देखिए इस चपटे ग़ुब्बारे की!''

''ये तुम मेरी चाल के सम्बन्ध में हमेशा कुछ-न-कुछ कहते रहते हो। कैसी है मेरी चाल? मेरी चाल है, जैसी भारी-भरकम लोगों की चाल होती है और होनी चाहिए। तुम्हारी चाल है, जैसी छिछोरों की चाल होती है। इधर उचके, उधर उचके, फाँदे, कहीं छुपके, कान नचाते, कुल्हे मटकाए, वाह-वाह, बड़ी चाल है हमारे राजकुमार की!''

''अच्छा, तो आओ, देख लो, किसकी चाल अच्छी है। अच्छे से मतलब यह कि किसकी चाल तेज़ है। दौड़ोगे हमसे मोटू मियाँ या खड़े-खड़े ही हाँफ जाओगे?''

''दौड़, घड़ी-घड़ी दौड़। फिर निकाली तुमने दौड़ की बात। अच्छा तो दौड़ेंगे। पहले भी एक दौड़ हुई थी, इतिहास और साहित्य में उसका बखान है। जानते हो क्या हुआ था उस दौड़ में? तुम्हारे परदादा मेरे पिता जी से हार गए थे, खबर भी है बसन्त के राजकुमार?''

''क्यों व्यर्थ की बकवास करते हो। लिखी होगी कहानी किसी सिरफिरे ने। कहानियों में लेखक अगर झूठ न मिलाए तो पढ़े और सुने कौन? झूठ के गरम मसाले से कहानी ज़रा चटपटी हो जाती है, पर बुढ़ऊ, जीवन कहानियों पर नहीं चलता। उसके लिए चाहिए पाँव—चुस्त मज़बूत पाँव। हिम्मत हो तो दौड़ देखो!''

''अच्छा, तो राजकुमार। दौड़ की ठन गई। दौड़ेंगे, ज़रूर दौड़ेंगे। हार जाओ तो फिर बढ़-बढ़के बातें न करना, तमीज़ से रहना सीखना।''

''तो फिर बताओ, कब दौड़ोगे? आओ, अभी सही।''

''नहीं, ऐसी जल्दी क्या है! मुझे अभी पानी में थोड़ा-सा काम है, कल सवेरे आ जाना।''

''ज़रूर आऊँगा। तुम अकेले होओगे न या वह काली दाढ़ीवाला या

वह लकड़ीवाला और वह चमकीली आँखों वाले तुम्हारे सब नए दोस्त होंगे? मैं इन आदमियों से बचता हूँ, निकट नहीं जाता। बड़े धोखेबाज़ होते हैं, निर्दयी, कठोर हृदय और अत्याचारी।''

''हे राम! अरे राजकुमार, तुम्हारे मुँह से किसी के लिए कोई अच्छा शब्द नहीं निकलता? बस, चने का साग अच्छा और सब बुरे। अच्छा, ख़ैर, तुम जानो, तुम्हारा काम जाने। सवेरे आना, यहाँ कोई और नहीं होगा। तुम होगे, मैं होऊँगा और ईश्वर होगा, बस। हो ही जाए दौड़, अब लाज ईश्वर के हाथ है।''

''तुम तो बुढ़ऊ, ऐसे कह रहे हो, जैसे ईश्वर तुम्हारा अपना रिश्तेदार है कि बस, तुम्हारी ही लाज उसके हाथ है और वह हमारा कोई नहीं! ख़ैर, तुम जानो, तुम्हारा ईश्वर जाने। बस, यह बताओ कि दौड़ की बात पक्की हो गई?''

''भाई, यहाँ से बबूल की जड़ से उस पुलिया के उधरवाले नुक्कड़ तक सीध में यहाँ से वहाँ तक, पर एक शर्त है राजकुमार!''

''वह क्या?''

''वह यह कि हम तुमसे दो गज़ आगे से चलेंगे।''

''यह क्यों?''

''यह यों कि तुम जवान हो, हम बूढ़े हैं। हमने सुन रखा है कि दौड़ में ऐसा होता है, स्वीकार करते हो?''

''स्वीकार है मुझे।''

''तुम दो गज़ नहीं, तीन गज़ आगे से चल सकते हो,'' यह कहकर ख़रगोश उछलता-कूदता यह जा वह जा।

कछुआ पानी में जैसे बिना ज़ोर लगाए आप ही तैरता हुआ कहाँ-से-कहाँ पहुँच गया, कुछ फ़ैसला कर लेने की ख़ुशी में, कुछ व्यायाम से अपने शरीर को चुस्त रखने का विचार आ गया। ऐसा लग रहा था कि शरीर हलका फूल जैसा हो गया है और दिल खुशी से बाग़-बाग़।

दूसरे दिन सवेरे ख़रगोश चने के खेत में ऊपर-ऊपर की नरम-नरम कोंपलें खाकर सीधे कछुए के ठिकाने पर पहुँचा।

कछुआ पहले से बबूल के पास की पुलिया की तरफ़ कोई ढाई गज़ की दूरी पर प्रतीक्षा में बैठा था या खड़ा, यह तो ठीक-ठीक से नहीं कहा

जा सकता, किन्तु बहरहाल वहाँ मौजूद था।

"नमस्ते, राजकुमार," कछुआ बोला।

"नमस्ते, बुढ़ऊ", ख़रगोश ने अभद्रता से जवाब दिया।

कछुआ सहन कर गया और बोला, "मैं तो अपनी जगह पर पहुँच गया हूँ, तुम बबूल के पेड़ के पास जाओ तो दौड़ शुरू हो।"

"शुरू कब होगी?"

"जब मैं कहूँ कि चलो।"

"अच्छा, यही सही।"

दोनों अपनी-अपनी जगह पर हैं, अब कछुआ साहब हैं कि चलो नहीं कहते। ख़रगोश की चुलबुलाहट को धैर्य कहाँ! एक मिनट रुका, दो मिनट रुका और दो छलाँगों में कछुए के पास पहुँच गया।

कछुआ चिल्लाया, "अभी मैंने चलो कब कहा? बेईमानी की ठानी है क्या? यह बात पहले हो चुकी है कि दौड़ में पहला चरण दोनों एक साथ उठाएँगे और यह कि जब हम कहें कि चलो। अपने स्थान पर लौट जाओ।"

ख़रगोश अपने स्थान पर लौट आया और बड़ी अधीरता से कछुए से 'चलो' कहने की प्रतीक्षा करने लगा। अन्ततः कछुए ने कह ही दिया, "चलो।"

ख़रगोश ने दो छलाँग मारीं और आगे। कछुए साहब ने भी गम्भीरतापूर्वक चलना आरम्भ कर दिया, मगर चलने और ठहरे रहने में बहुत कम अन्तर था। केवल यह कि यह बदहवास थे और हाँफ रहे थे। मिनटों में ख़रगोश नुक्कड़ के निकट पहुँच गया और ये हाँफते-काँपते अपनी बुद्धि को सान्त्वना देते हुए इस वास्तविकता को अपनी आँखों से देखते रहे। इस बात की परछाईं भी इनके मस्तिष्क पर नहीं पड़ी कि वह जो सोच रहे हैं, वह केवल भ्रम है, इससे अधिक कुछ नहीं। अचानक क्या हुआ कि ख़रगोश ने अपनी दिशा बदल ली।

कछुआ अपने पोपले मुँह से चिल्लाया, "ये नहीं तय हुआ है। सीधे रास्ते पर चलो, नहीं तो मैं खड़ा हो जाता हूँ। सारी दौड़ रह जाएगी।"

मुँह में दाँत नहीं, पेट में साँस नहीं, वैसे भी उन्होंने जो कहा वह किसी की समझ में न आता। मगर उस वक्त तो ख़रगोश कुछ भी सुन नहीं

सकता था। उसने तो मंसूर मियाँ के शिकारी रामपुरी कुत्ते को पुलिया पर आते देख लिया था। उसका सारा जीवन सिमटकर उसके सामने आ गया था। जान बचाने के लिए कभी इधर भागता, कभी उधर भागता। एक पेड़ की जड़ में छिपा। कुत्ता ज़मीन सूँघते हुए वहाँ भी पहुँचा। ख़रगोश ने एक बड़ी छलाँग मारी, जैसे हिरण छलाँग लगाए, लेकिन कुत्ते ने उसको हवा में ही लपक लिया और कुछ इस तरह उछाला कि यह हवा में कोई गज़-भर ऊँचा उछल गया। कुत्ते ने फिर हवा में ही इसे लपक लिया और ज़मीन पर छोड़ दिया। ख़रगोश जो अधमरा हो चुका था, एक बार फिर दौड़ने की कोशिश की, इस बार कुत्ते ने बिलकुल झँझोड़ डाला। पीछे-पीछे मंसूर मियाँ आ ही रहे थे। कन्धे पर रूमाल पड़ा था, उसके कोने में रशीदाबाद का बना बड़ा-सा चाकू बँधा था। उन्होंने चाकू खोला और ख़रगोश को, जिसमें अभी जीवन के लक्षण शेष थे, हलाल कर डाला।

यह सारी घटना कछुए ने अपनी आँखों से देखी और कुछ ऐसी स्थिति में पड़ गया, जैसे वह न कुछ देख सकता था, न सोच सकता था। विश्वास नहीं होता था कि केवल ख़रगोश अपनी जान से गया है या इस शोक में ये भी दुनिया से चल बसे। न जाने कितनी देर वहीं सहमे पड़े रहे। आँख खोलते तो दुनिया सुनसान और नीरव दीखती। आँखें बन्द करते तो सामने वही कुत्ता और वही ख़रगोश दिखाई देता और लाल खून की पिचकारी, जो ख़रगोश की गर्दन से निकली थी। घबराकर आँखें खोल लेते। न जाने कितनी देर तक यही स्थिति रही। अन्ततः ये धीरे-धीरे नदी की तरफ़ चले। आप समझें कि जब कछुआ धीरे-धीरे चले तो क्या गति होगी? अतः कोई चलता रहे, चाहे कितनी ही धीरे हो, दूरी तो तय हो ही जाती है। नदी के निकट पहुँच गया। पानी में गया फिर निकल आया और उसी पुलिया की तरफ़ तकने लगा। कभी-कभी आँखों से दो बूँदें भी टपक जातीं, जिनमें न जाने क्या-क्या विचार आ रहे थे। कहते, "बड़ी हत्या हुई। यह मुझे क्या हुआ उस रंगीले-छबीले जवान को दौड़ पर उकसाया? धिक्कार है हमारे बुढ़ापे पर और हमारे शताब्दियों के अनुभव पर कि हम उसके चुभते कँटीले शब्दों से बिफर गए और अपने हृदय में इतने दिन क्रोध को जी भरकर पाला, अपनी आत्मा को गन्दा किया। मूर्ख आदमियों से साँठ-गाँठ की। अपनी बुद्धि को बच्चों की-सी बातों में बहकने, भटकने

दिया। क्या था, वह जवानी की तरंगों में इतराता था, हमारा क्या लेता था? क्या बिगाड़ता था हमारा? हमें कैसे शोभा देता था कि इस लड़के के मुँह लगें। हम तो शताब्दियाँ बिता चुके, वह तो अभी कल का बच्चा था, वह जान से गया और हम जीवित हैं। इससे अच्छा था कि हमें भी कुछ हो जाता और हम यह सब सोचने को जीवित न रहते। अचम्भा तो सोच से अधिक अपनी इस भूल पर आता है कि इतनी आयु पाकर भी हम इतना न समझ सके कि हर जीव का अपना अलग-अलग संसार होता है। हमारा संसार अलग, ख़रगोश का संसार अलग। एक के लिए जो महत्त्व की चीज़ है, दूसरे के लिए उसका कोई मूल्य नहीं। हम ज़मीन पर भाग नहीं सकते तो वह मरनेवाला बच्चा भी तो पानी में तैर नहीं सकता था। किसी को कुछ मिला है, किसी को कुछ और, किसी का कुछ कर्तव्य है और किसी का कुछ और कर्तव्य। सब अपने-अपने कर्तव्य पूरा करें, यही ईश्वर की मर्ज़ी होती है। उसकी मर्ज़ी को जानना, पहचानना, उसके सामने गर्दन झुकाना ही जीवन का अंश है। यही धर्म है, यही सत्य है, यही आनन्द है, यही मोक्ष है। ये गर्दन झुकाना (उपासना) हरेक का अपने-अपने रंग में होता है। अपनी पहचान को दूसरों की पहचान से नापना, अपने गर्दन झुकाने के ढंग को दूसरों के झुकाव से टकराना, दूसरे के कर्तव्य को अपने कर्तव्य से तौलना—यह सब भूल है, बड़ी भूल और हमसे यही भूल हुई।''

जैसे-तैसे दिन कटते पर कछुए के मन में बोझ किसी तरह हलका नहीं हुआ, सोचता है, मुल्ला जी भी इधर नहीं आए, उनसे अपने हृदय की व्यथा कहता। कहते हैं कहने-सुनने से दुख कुछ हलका हो जाता है, पर यह दुख दूर तो कभी नहीं होगा।

अब्बू ख़ाँ की बकरी

हिमालय पहाड़ का नाम तो तुमने सुना ही होगा। इससे बड़ा पहाड़ दुनिया में कोई नहीं है। हज़ारों मील चला गया है, और ऊँचा इतना है कि अभी तक इसकी ऊँची चोटियों पर कभी-कभार कोई हिम्मत वाला आदमी पहुँच पाया है—वह भी जैसे बस ढैया छूने को। इस पहाड़ के अन्दर वादियों में बहुत-सी बस्तियाँ भी हैं। ऐसी ही एक बस्ती अल्मोड़ा भी है।

अल्मोड़ा में एक बड़े मियाँ रहते थे। उनका नाम था अब्बू ख़ाँ। उन्हें बकरियाँ पालने का बहुत शौक़ था। अकेले आदमी थे। बस, एक-दो बकरियाँ रखते। दिन-भर उन्हें चराते फिरते। उनके अजीब-अजीब नाम रखते, किसी का 'कल्लो', किसी का 'मंगलिया', किसी का 'गूजरी', किसी का 'हुक्मा'। उनसे न जाने क्या-क्या बातें करते रहते और शाम के वक्त बकरियों को लाकर घर में बाँध देते। अल्मोड़ा पहाड़ी जगह है, इसलिए आज़ादी किन्हीं दामों में देने को राज़ी नहीं होते और मुसीबत और ख़तरों के बावजूद आज़ाद रहने को सुख और आराम की कैद से अच्छा जानते हैं।

जहाँ कोई बकरी भाग निकली और अब्बू ख़ाँ बेचारे सिर पकड़कर बैठ गए। उनकी समझ ही में न आता था कि हरी-हरी घास मैं इन्हें खिलाता हूँ, छिप-छिपाकर पड़ोसियों के धान के खेत में भी इन्हें छोड़ देता हूँ, शाम को दाना देता हूँ, मगर ये कम्बख़्त नहीं ठहरतीं और पहाड़ में जाकर भेड़िये को अपना खून पिलाना पसंद करती हैं।

जब अब्बू ख़ाँ की बहुत-सी बकरियाँ यूँ भाग गईं तो बेचारे बहुत उदास हुए और कहने लगे, "अब कभी बकरी न पालूँगा। ज़िन्दगी के थोड़े दिन और हैं, बिन बकरियों ही के कट जाएँगे।" मगर अकेलापन बुरी चीज़ है।

थोड़े दिन तो अब्बू ख़ाँ बिन बकरियों के रहे। आख़िर न रहा गया। एक दिन कहीं से एक बकरी मोल ले आए। यह बकरी अभी बच्चा ही थी, कोई साल-सवा साल की होगी। पहली बार ब्याई थी। अब्बू ख़ाँ ने सोचा कि कम-उम्र की बकरी लूँगा तो शायद हिल जाए और इसे जब पहले ही से अच्छे-अच्छे चारे-दाने की आदत पड़ जाएगी तो फिर यह पहाड़ का रुख़ न करेगी। यह बकरी थी बहुत ख़ूबसूरत। रंग इसका बिलकुल सफ़ेद था। बाल लम्बे-लम्बे थे। छोटे-छोटे काले-काले सींग ऐसे मालूम होते थे कि किसी ने आबनूस की काली लकड़ी में खूब मेहनत से तराशकर बनाए हों। लाल-लाल आँखें—तुम देखते तो कहते कि अरे, यह बकरी तो हमने ले ली होती। यह बकरी देखने में ही अच्छी न थी, स्वभाव की भी बहुत अच्छी थी। प्यार से अब्बू ख़ाँ का हाथ चाटती थी। दूध चाहे तो कोई बच्चा दुह ले। न लात मारती थी, न दूध के बरतन गिराती। अब्बू ख़ाँ भी उस पर लट्टू हो गए थे। उसका नाम 'चाँदनी' रखा था और दिन-भर उससे बातें करते थे। कभी अपने चचा घसीटा ख़ाँ का किस्सा उसे सुनाते थे, कभी अल्लाह बख़्शे—मामा नत्थू ख़ाँ का।

अब्बू ख़ाँ ने यह सोचकर कि बकरियाँ शायद मेरे घर के तंग आँगन में घबरा जाती हैं, अपनी इस बकरी 'चाँदनी' के लिए नया इन्तजाम किया था। घर के बाहर उनका एक छोटा-सा खेत था। उसके चारों ओर उन्होंने न जाने कहाँ-कहाँ से काँटे जमा करके डाले थे कि कोई उसमें न आ सके। उसके बीच में 'चाँदनी' को बाँधते थे और रस्सी खूब लम्बी रखी थी कि ख़ूब इधर-उधर घूम सके। इस तरह 'चाँदनी' को अब्बू ख़ाँ के यहाँ काफ़ी समय गुज़र गया और अब्बू ख़ाँ को यक़ीन हो गया कि एक बकरी तो हिल गई। अब यह न भागेगी।

मगर अब्बू ख़ाँ धोखे में थे। आज़ादी की इच्छा इतनी आसानी से दिल से नहीं मिटती। पहाड़ और जंगल में रहनेवाले आज़ाद जानवरों का दम घर की चारदीवारी में घुटता है, तो काँटों से घिरे हुए खेत में भी उन्हें चैन नहीं मिलता। क़ैद-क़ैद सब एक-सी। थोड़े दिन के लिए चाहे ध्यान बँट जाए मगर फिर पहाड़ और जंगल याद आते हैं और क़ैदी अपनी रस्सी तुड़ाने की फ़िक्र करता है। अब्बू ख़ाँ का ख़याल ठीक न था कि 'चाँदनी' पहाड़ की हवा भूल गई।

एक दिन सुबह-सुबह जब सूरज अभी पहाड़ के पीछे ही था कि 'चाँदनी' ने पहाड़ की तरफ़ नज़र की। मुँह जो जुगाली की वजह से चल रहा था, रुक गया और 'चाँदनी' ने दिल में कहा—'वे पहाड़ की चोटियाँ कैसी सुंदर हैं ! वहाँ की और यहाँ की हवा का क्या मुकाबला ! फिर—वहाँ उछलना, कूदना, ठोकरें खाना और यहाँ हर वक़्त बँधे रहना। गर्दन में आठ पहर यह कम्बख़्त रस्सी। ऐसे घरों में गधे और खच्चर ही भले चुग लें, हम बकरियों को तो ज़रा बड़ा मैदान चाहिए।'

इस ख़याल का आना था और 'चाँदनी' अब वह पहली 'चाँदनी' ही न थी। न उसे हरी-हरी घास अच्छी लगती थी, न पानी मज़ा देता था, न अब्बू ख़ाँ की लम्बी कहानियाँ उसे भाती थीं। दिन-पर-दिन दुबली होने लगी। दूध घटने लगा। हर वक़्त मुँह पहाड़ की तरफ रहता और रस्सी को खींचती और अजीब दर्द-भरी आवाज़ से 'में-में' चिल्लाती।

अब्बू ख़ाँ समझ गए कि हो-न-हो, कोई बात ज़रूर है, लेकिन यह समझ में नहीं आता था कि क्या है। एक दिन सुबह अब्बू ख़ाँ ने दूध दुह लिया तो 'चाँदनी' ने उनकी तरफ़ मुँह फेरा और अपनी बकरियों वाली ज़बान में कहा, ''अब्बू ख़ाँ मियाँ, मैं अब तुम्हारे पास रहूँगी तो मुझे बड़ी बीमारी हो जाएगी। मुझे तो तुम पहाड़ ही पर चली जाने दो।'' अब्बू ख़ाँ बकरियों की बोली समझने लगे थे। चिल्लाकर बोले, ''या अल्लाह, यह भी जाने को कहती है, यह भी।'' और मारे दुख के मिट्टी की हँडिया, जिसमें दूध दुहा था, हाथ से गिरी और चूर-चूर हो गई।

अब्बू ख़ाँ वहीं घास पर बकरी के पास बैठ गए और बहुत दुखी आवाज़ में पूछा, ''क्यों बेटी चाँदनी, तू भी मुझे छोड़ना चाहती है?''

'चाँदनी' ने जवाब दिया, ''हाँ, अब्बू ख़ाँ मियाँ, चाहती तो हूँ।''

''अरे तो क्या तुझे चारा नहीं मिलता ? या दाना पसंद नहीं ? बनिए ने घुने दाने मिला दिए हैं क्या ? मैं आज ही और दाना ले आऊँगा।''

''नहीं-नहीं, मियाँ, मुझे दाने की कोई तकलीफ़ नहीं।'' 'चाँदनी' ने जवाब दिया।

''तो फिर क्या रस्सी छोटी है ? मैं और लम्बी कर दूँगा।''

'चाँदनी' ने कहा, ''इससे क्या फ़ायदा ?''

''तो आख़िर फिर क्या बात है ? तू चाहती क्या है?''

'चाँदनी' बोली, "कुछ नहीं, बस मुझे तो पहाड़ में जाने दो।"

अब्बू ख़ाँ ने कहा, "अरी अभागिन, तुझे यह भी ख़बर है कि वहाँ भेड़िया रहता है ! वह जब आएगा तो क्या करेगी ?"

'चाँदनी' ने जवाब दिया, "अल्लाह ने दो सींग दिए हैं। इनसे उसे मारूँगी।"

"हाँ-हाँ, ज़रूर।" अब्बू ख़ाँ बोले, "भेड़िये पर तेरे सींगों ही का तो असर होगा। वह तो मेरी कई बकरियाँ हड़प कर चुका है। उनके सींग तो तुझसे बहुत बड़े थे। तू तो 'कल्लो' को जानती नहीं थी, वह यहाँ पिछले साल थी, बकरी काहे को थी–हिरन थी, हिरन, काला हिरन ! रात-भर सींगों से भेड़िये के साथ लड़ी। मगर फिर सुबह होते-होते उसने दबोच ही लिया और खा गया।"

चाँदनी ने कहा, "अरे-रे-रे, बेचारी कल्लो ! मगर ख़ैर, अब्बू ख़ाँ मियाँ, इससे क्या होता है ! मुझे तो तुम पहाड़ में जाने ही दो।"

अब्बू ख़ाँ कुछ झुँझलाए और बोले, "या अल्लाह, यह भी जाती है। मेरी एक चहेती बकरी और उस कम्बख़्त भेड़िये के पेट में जाती है...मगर नहीं-नहीं, मैं इसे तो ज़रूर बचाऊँगा। कम्बख़्त, एहसान-फ़रामोश, तेरी मर्जी के खिलाफ़ तुझे बचाऊँगा। अब तो तेरा इरादा मालूम हो गया है। अच्छा, बस, चल तुझे कोठरी में बाँधा करूँगा, नहीं तो मौका पाकर चल देगी।"

अब्बू ख़ाँ ने आकर 'चाँदनी' को एक कोने की कोठरी में बन्द कर दिया और ऊपर से ज़ंजीर चढ़ा दी। मगर ग़ुस्से और झुँझलाहट में कोठरी की खिड़की बन्द करना भूल गए। इधर उन्होंने कुंडी चढ़ाई, उधर 'चाँदनी' उचककर खिड़की में से बाहर यह जा, वह जा।

'चाँदनी' पहाड़ पर पहुँची तो उसकी ख़ुशी का क्या पूछना था। पहाड़ पर पेड़ उसने पहले भी देखे थे, लेकिन आज उनका और ही रंग था। उसे ऐसा मालूम होता था कि सब-के-सब खड़े हुए उसे बधाई दे रहे हैं कि फिर हममें आ मिली। इधर-उधर सेवती के फूल मारे ख़ुशी के खिल-खिलाकर हँस रहे थे। कहीं ऊँची-ऊँची घास उससे गले मिल रही थी। मालूम होता था कि सारा पहाड़ मारे ख़ुशी के मुस्कुरा रहा है और अपनी बिछुड़ी हुई बच्ची के वापस आने पर फूला नहीं समाता। 'चाँदनी' की ख़ुशी का हाल

कोई क्या बताए ! न चारों तरफ़ काँटों की बाड़, न खूँटा, न रस्सी ! और चारा ! वह जड़ी-बूटियाँ कि अब्बू ख़ाँ बेचारे बावजूद अपनी सारी मुहब्बत और प्यार के न ला सकते।

'चाँदनी' कभी इधर उछलती, कभी उधर, यहाँ से कूदी, वहाँ फाँदी, कभी चट्टान पर है, कभी खड्ड में, इधर ज़रा फिसली, फिर सँभली। एक 'चाँदनी' के आने से सारे पहाड़ में जान-सी आ गई थी। ऐसा लगता था', जैसे अब्बू ख़ाँ की दस-बारह बकरियाँ छूटकर यहाँ आ गई हों!

एक बार घास पर मुँह मारकर जो ज़रा सिर उठाया तो 'चाँदनी' की नज़र अब्बू ख़ाँ के मकान और उस काँटोवाले घेर पर पड़ी। उन्हें देखकर 'चाँदनी' ख़ूब हँसी और दिल में कहने लगी—'या .ख़ुदा, कोई देखे तो ! कितना छोटा-सा मकान है और कैसा छोटा-सा घेर ! या अल्लाह, मैं इतने दिन इसमें कैसे रही ? इसमें मैं आख़िर समाई कैसे थी !' पहाड़ की चोटी पर से इस नन्ही-सी जान को सारी दुनिया हेच नज़र आती थी।

'चाँदनी' के लिए यह दिन भी अजीब दिन था। दोपहर तक इतनी उछली-कूदी कि शायद सारी उम्र में इतनी उछली-कूदी न होगी। दोपहर ढलते उसे पहाड़ी बकरियों का एक गल्ला दिखाई दिया। गल्ले की बकरियों ने उसे .ख़ुशी-.ख़ुशी अपने पास बुलाया और उससे हाल-चाल पूछा। गल्ले में कुछ जवान बकरे भी थे। उन्होंने भी 'चाँदनी' की बड़ी आवभगत की। बल्कि उसमें एक बकरा था, जरा काले-काले रंग का, जिस पर कुछ सफ़ेद ठप्पे थे, वह 'चाँदनी' को भी अच्छा लगा और वे दोनों बहुत देर तक इधर-उधर फिरते रहे। उनमें न जाने क्या-क्या बातें हुईं, और कोई तो था नहीं, एक चश्मा पानी का बह रहा था, उसने सुनी होंगी। कभी कोई वहाँ जाए और उस चश्मे से पूछे तो शायद कुछ पता लगे। और फिर भी क्या ख़बर, यह चश्मा भी शायद न बताए। एक की बात दूसरे से कहना कुछ अच्छी बात नहीं।

ख़ैर, बकरियों का गल्ला तो न जाने किधर चला गया। वह जवान बकरा भी इधर-उधर घूमकर अपने साथियों में जा मिला। 'चाँदनी' को अभी आज़ादी की इतनी आरज़ू थी, उसने गल्ले के साथ होकर अभी से अपने ऊपर बंधन लगाना पसंद न किया और एक तरफ को चल दी। शाम का वक़्त, हवा—ठंडी हवा चलने लगी। सारा पहाड़ लाल-सा हो गया

और 'चाँदनी' ने सोचा, ओहो, अभी से शाम ! नीचे अब्बू ख़ाँ का घर और वह काँटों वाला घेर, दोनों कुहरे में छिप गए थे। नीचे कोई चरवाहा अपनी बकरियों को बाड़े में बन्द करने के लिए जा रहा था। उनकी गरदन की घंटियाँ बज रही थीं। 'चाँदनी' इस आवाज़ को .खूब पहचानती थी, इसे सुनकर उदास-सी हो गई। होते-होते अँधेरा होने लगा और पहाड़ में एक तरफ़ से आवाज़ आई, ''खो, खो !''

यह आवाज़ सुनकर 'चाँदनी' को भेड़िये का ख़याल आया। दिन-भर एक दफ़ा भी उसका ध्यान इधर नहीं गया था। पहाड़ के नीचे से एक सीटी और बिगुल की आवाज़ आई। यह बेचारे अब्बू ख़ाँ थे, जो आख़िरी कोशिश कर रहे थे कि इसे सुनकर 'चाँदनी' फिर लौट आए। उधर से वह कह रहे थे, ''लौट आ, लौट आ !'' और इधर से जान के दुश्मन भेड़िये की आवाज आ रही थी।

'चाँदनी' के जी में कुछ तो आया कि लौट चले। लेकिन उसे खूँटा याद आया, रस्सी याद आई और काँटों का घेर याद आया। और उसने सोचा कि उस ज़िन्दगी से तो यहाँ की मौत अच्छी। आख़िर को सीटी और बिगुल की आवाज़ बन्द हो गई। पीछे से पत्तियों की खड़खड़ाहट सुनाई दी। 'चाँदनी' ने मुड़कर देखा तो दो कान दिखाई दिए, सीधे खड़े हुए और दो आँखें, जो अँधेरे में चमक रही थीं। भेड़िया पहुँच गया था।

भेड़िया ज़मीन पर बैठा था। नज़र बेचारी बकरी पर जमी थी। उसे इत्मीनान था, जल्दी न थी। ख़ूब जानता था कि अब कहाँ जाती है। बकरी ने जो उसकी तरफ़ मुँह किया तो वह मुस्कुराया और बोला, ''ओहो, अब्बू ख़ाँ की बकरी है। ख़ूब खिला-पिलाकर मोटा किया है।'' यह कहकर उसने अपनी लाल-लाल ज़बान अपने नीले-नीले होंठों पर फेरी। 'चाँदनी' को कल्लो का क़िस्सा याद आया, जो अब्बू ख़ाँ ने बताया था, और उसने सोचा कि मैं क्यों ख़्वाह-मख़्वाह रात-भर लड़कर सुबह जान दूँ। अभी क्यों न अपने को हवाले कर दूँ। लेकिन फिर खयाल किया कि नहीं। अपना सिर झुकाया, सींग आगे को किए और पैंतरा बदलकर भेड़िये के मुक़ाबले पर आई कि बहादुरों का यही चलन है। कोई यह न समझे कि 'चाँदनी' अपनी बिसात न जानती थी और भेड़िये की ताक़त का उसे अन्दाज़ा न था। वह .खूब जानती थी कि बकरियाँ भेड़िये को नहीं मार सकतीं। वह तो सिर्फ़ यह चाहती थी कि अपनी

बिसात-भर मुक़ाबला करे। जीत-हार पर अपना काबू नहीं, वह अल्लाह के हाथ है। मुक़ाबला जरूरी है। जी में यह सोचती थी कि देखूँ, मैं कल्लो की तरह रात-भर मुक़ाबला कर सकती हूँ या नहीं।

कुछ देर जब गुज़र गई तो भेड़िया बढ़ा। 'चाँदनी' ने भी सींग सँभाले और वह-वह हमले किए कि भेड़िये का जी जानता होगा। दसियों बार उसने भेड़िये को पीछे रेल दिया। कभी-कभी 'चाँदनी' ऊपर आसमान की तरफ़ देख लेती और सितारों से आँखों-आँखों में कह देती कि ऐ काश, इसी तरह सुबह हो जाए।

सितारे एक-एक करके ग़ायब हो गए। चाँदनी ने आख़िरी वक़्त में अपना ज़ोर दुगना कर दिया। भेड़िया भी तंग आ गया था कि दूर से एक रोशनी-सी दिखाई दी। एक मुर्ग़ ने कहीं से बाँग दी। नीचे बस्ती में मस्जिद से अजान की आवाज़ आई। चाँदनी ने दिल में कहा, अल्लाह तेरा शुक्र है। मैंने अपने बस-भर मुकाबला किया, अब तेरी मर्ज़ी। अजान देनेवाला आख़िरी दफ़ा अल्लाहो-अकबर कह रहा था कि चाँदनी बेदम ज़मीन पर गिर पड़ी। उसकी सफ़ेद बालों की पोशाक ख़ून से बिलकुल लाल थी। भेड़िये ने उसे दबोच लिया और खा गया।

ऊपर पेड़ों पर चिड़ियाँ बैठी देख रही थीं। उनमें इस पर बहस हो रही है कि जीत किसकी हुई। सब कहती हैं कि भेड़िया जीता। एक बूढ़ी-सी चिड़िया है, उसकी ज़िद है कि चाँदनी जीती।

मुर्ग़ी अजमेर चली

एक काली मुर्ग़ी थी—खूब मोटी, ख़ूबसूरत। अंडे भी बहुत देती थी। उसके साथ जो दूसरी मुर्ग़ियाँ थीं, वह न तो उतनी ख़ूबसूरत थीं और न उतने अंडे देती थीं। कुछ तो इस वजह से काली मुर्ग़ी अपने को औरों से बढ़ा-चढ़ा जानती थी और कुछ बाज लोगों की नाक हमेशा ऊपर को होती है। गरज यह कि काली मुर्ग़ी भी अपने को कुछ समझती थी और दूसरी मुर्ग़ियों के साथ इसका मिलना-जुलना भी कम था। रात को दड़बे में भी सबसे अलग ईंट पड़ी थी, उस पर चढ़कर सोती थी।

एक रात का ज़िक्र है कि ख़ूब मज़े में सोते-सोते उसने एक सपना देखा। सपने में किसी ने उससे कहा कि ''जल्दी से अजमेर शरीफ़ जा, नहीं तो दुनिया उजाड़ हो जाएगी।'' काली मुर्ग़ी कैसी ही सही, फिर आख़िर इस दुनिया में पली-बढ़ी थी, इसमें रहना-सहना था और कुछ कहो, दुनिया फिर बड़ी चीज़ है। उसने झट इरादा कर लिया कि बस अजमेर शरीफ़ चलना चाहिए और जैसे हो, दुनिया को बचाना चाहिए। रास्ता कठिन होगा, हो; तकलीफ़ें सहनी पड़ेंगी, पड़ें; दुनिया तो बच जाएगी।

सुबह तड़के ही मुर्ग़ी ने अजमेर शरीफ़ का रुख किया।

अभी थोड़ी दूर ही गई थी कि एक बुड्ढा मुर्ग़ा मिला।

मुर्ग़ी बोली—''मियाँ कुकड़ूँ-कूँ, सलाम !''

मुर्ग़े ने जवाब दिया—''जीती रहो बेटी, कट-कट- कटाक! कहो, यह सवेरे-सवेरे किधर ?''

मुर्ग़ी बोली—''अजमेर शरीफ़ जाती हूँ। बड़ा ज़रूरी काम है। मैं न गई तो सारी दुनिया उजाड़ हो जाएगी।''

मुर्ग़े ने पूछा—"कट-कट-कटाक, तुझसे यह किसने कहा ?"

मुर्ग़ी ने जवाब दिया—"मियाँ कुकड़ूँ-कूँ, कहा किसने, मैंने .खुद सपना देखा है, .खुद।"

मुर्ग़ा बोला—"ऊँ-हूँ ! ऐसा ! अच्छा, तो चलो, हम भी साथ चलते हैं।"

थोड़ी दूर गए थे कि एक बतख मिली।

मुर्ग़े ने बतख से कहा—"बन्दगी, बी कें-कें।"

"जीते रहो बेटा, कुकड़ूँ-कूँ। यह ऐसे जल्दी-जल्दी किधर को ?"

"अजमेर शरीफ़ जा रहा हूँ, नहीं तो सारी दुनिया उजाड़ हो जाएगी।"

"मियाँ कुकड़ूँ-कूँ, यह तुमसे किसने कहा ?"

मुर्ग़े ने कहा—"कट-कट-कटाक ने।"

बतख ने पूछा—"और बी कट-कट-कटाक, तुम्हें कैसे पता चला ?"

मुर्ग़ी बोली—"पता और कहाँ से चलता ! मैंने .खुद सपना देखा, खुद।"

"ऊँ-हूँ ! ऐसा !" बतख बोली, "अच्छा, तो फिर मैं भी साथ चलती हूँ।"

अभी थोड़ी दूर ही चले थे कि एक तीतर मिला।

बतख उसे देखकर बोली—"नमस्ते, बाबू क्री-काका।"

तीतर ने जवाब दिया—"नमस्ते, बी कें-कें। यह सवेरे-सवेरे किधर?"

बतख बोली—"अजमेर शरीफ़ जाती हूँ। बड़ी जल्दी का काम है, नहीं तो सारी दुनिया उजाड़ हो जाएगी।"

तीतर ने पूछा—"अरे-अरे, यह तुमसे किसने कहा, बी कें-कें ?"

बतख बोली—"बाबू क्री-काका ! इन मियाँ कुकड़ूँ-कूँ ने कहा।"

"और मियाँ कुकड़ूँ-कूँ, तुमसे किसने कहा ?"

"बी कट-कट-कटाक ने।"

"और बी कट-कट-कटाक, तुम्हें कहाँ से ख़बर लगी ?"

"ख़बर कहाँ से लगती ! मैंने .खुद सपना देखा, .खुद।"

"ऊँ-हूँ, यह बात है !" तीतर ने कहा—"तो अच्छा बी कें-कें, हम तो चाहते हैं कि हम भी संग चलें।"

अब ये चारों मिलकर अजमेर शरीफ़ की सड़क पर हो लिए। ख़ूब क़दम बढ़ाए जा रहे थे कि दिन मुँदते ही उन्हें एक लोमड़ी मिली।

लोमड़ी बोली—"राम-राम बाबू क्री-काका। यह आज इस वक़्त किधर को चले ? कहो तो, बात क्या है ? बड़े तेज़ क़दम पड़ रहे हैं !"

तीतर बोला—"ओ हो ! क्या पूछती हो, बड़ी ज़रूरत का काम है। अजमेर शरीफ़ जा रहा हूँ, नहीं तो सारी धरती उजाड़ हो जाएगी।"

लोमड़ी को हँसी आई, मगर उसे दबा गई और पूछने लगी—"बाबू क्री-काका, तुमसे यह किसने कहा ?"

"बी कें-कें ने।"

"और बी कें-कें, तुम्हें यह खबर कहाँ से मिली ?"

"मियाँ कुकड़ूँ-कूँ से।"

"और मियाँ कुकड़ूँ-कूँ, तुम्हें यह कैसे पता चला ?"

"बी कट-कट-कटाक से।"

"और बी कट-कट-कटाक, तुमसे किसने कहा ?"

मुर्ग़ी बोली—"मुझसे कौन कहता ! मैंने ख़ुद सपना देखा, ख़ुद।"

लोमड़ी बोली—"अच्छा, यह बात है ! ऊँ हूँ ! यह बात है। मैं अब समझी। मगर ऐसी भी क्या जल्दी ! दुनिया इतनी जल्द उजाड़ थोड़ी हो जाएगी। अब शाम भी हो गई है। मेरे घर चलकर खा-पी लो। रात को आराम से सोओ, सुबह अजमेर शरीफ़ चले जाना। ऐसा ही होगा तो मैं भी साथ चली चलूँगी।"

ये चारों ग़रीब दिन-भर के थके-माँदे थे। लोमड़ी की बातें उन्हें बड़ी भली लगीं, उसके साथ हो लिए। लोमड़ी उन्हें अपने घर में लाई। उनकी ख़ूब ख़ातिर-तवाजा की। जाड़ों का ज़माना था, सर्दी ख़ूब पड़ रही थी और ये चारों 'सी-सी'-'सी-सी' कर रहे थे। लोमड़ी ने अँगीठी जलाई। पेट में कुछ पड़ ही चुका था, बाहर से भी जो ज़रा गरमी पहुँची तो सब-के-सब सो गए। तीतर और बतख तो एक तरफ़ कोने में जाकर सो रहे, मगर मुर्ग़ा और मुर्ग़ी एक सीढ़ी रखी थी, उड़कर उसके एक डंडे पर जा बैठे और सब-के-सब ऐसे आराम से गरम-गरम सोये जैसे कपास में बिनौला।

जब ये सब गहरी नींद सो गए तो लोमड़ी ने पहले बतख को चुपके से पकड़ा और अलग ले जाकर कोयलों पर रखकर खूब भूना। पर जो

जले और चर्बी जो पिघली तो उसकी चिरायँध से मुर्ग़ी की नींद ज़रा टूटी और वह फुदककर सीढ़ी के और एक ऊपरवाले डंडे पर जा बैठी और नींद-ही-नींद में कहने लगी—"ऊँ-हूँ, यह तो कुछ है, यह तो कुछ है।"

लोमड़ी बोली—"चुप-चुप सो जा, जरा धुआँ घुट गया है। चोंच खोलना ही मत, नहीं तो सब पेट में भर जाएगा।"

मुर्ग़ी फिर सो गई। लोमड़ी जब बतख को चट कर गई तो तीतर को सँभाला और उसे भी ले जाकर अँगारों पर ख़ूब भूना। मुर्ग़ी की नींद तो उचाट हो ही गई थी। अबके फिर उसकी आँख खुली। फिर वह उचककर ज़रा और ऊँची हो बैठी और कहने लगी—"यह तो कुछ है, यह तो कुछ है।" सवेरा भी हो चला था। धुआँ जो ज्यादा हुआ तो मुर्ग़ी का दम घुटा और आँख बिलकुल खुल गई। अब जो देखा तो न बतख का पता, न तीतर का। वह समझ गई कि कुछ दाल में काला है और झट उचककर सीढ़ी के सबसे ऊँचे डंडे पर जा बैठी। ऊपर दीवार में एक छोटा-सा रौशनदान था, उसमें से गर्दन बाहर निकालकर बोली—"ओ-हो-हो-हो, कोई देखे तो कितनी बतखें जा रही हैं कतार-की-कतार। कैसी मोटी-मोटी हैं, चिकनी-चिकनी ! और बच्चे तो देखो, कैसे फूले-फूले हैं, जैसे गेंद।"

लोमड़ी ने जो यह सुना तो उसके मुँह में पानी भर आया। समझी कि सचमुच बतखें जा रही हैं और साथ में नन्हे-नन्हे नरम-नरम बच्चे भी हैं। सोचा कि चलूँ, कुछ चूजे तो फाँस ही लाऊँ। झट दरवाज़ा खोला और ऐसी निकली जैसे तीर। मुर्ग़ी को मौका मिल गया। उसने झट मुर्ग़े को उठाया।

"कूकड़ूँ-कूँ ! अजी मियाँ कुकड़ूँ-कूँ, उठो ! अरे जल्दी उठो ! यह क्या गजब हो गया !"

मुर्ग़ा जो आँखें मलता हुआ उठा तो मुर्ग़ी ने क़िस्सा सुनाया, जल्दी-जल्दी जैसे किताब में से ज़बानी याद किया हो—"लोमड़ी दो साथियों को तो हड़प कर चुकी, अब हमारी बारी है।"

बस, मुर्ग़ा-मुर्ग़ी दोनों दीवार के रौशनदान में से जैसे-तैसे सिमट-सिमटाकर निकले और उड़कर बाहर पहुँचे और न इधर देखा न उधर, अजमेर की राह ली। चलते-चलते दोपहर को अजमेर शरीफ़ पहुँचे और जो वहाँ न पहुँच जाएँ तो सच है, उन दोनों बेचारों के लिए भी दुनिया ऐसी ही उजाड़ हो जाती, जैसी बी कें-कें और बाबू क्री-काका के लिए हो गई।

पूरी जो कड़ाही से निकल भागी

गाँव में एक किसान रहता था और उसकी बीवी। किसान का नाम था मंसा और उसकी बीवी का गुरिया। उनके पास रुपया-पैसा अच्छा-खासा था, मगर घर में काम करनेवाले आदमी कम थे। इसलिए हमेशा दूसरों से या तो मज़दूरी पर काम लेना पड़ता था या मीठी बात करके।

बैसाख का महीना था। मंसा के खेतों में गेहूँ की फ़सल ख़ूब हुई थी। और खेत कट भी चुके थे। अब पूलियों पर दायँ चलाकर दाने निकालना बाकी था। दूसरे सब किसान भी अपने-अपने काम में लगे थे। तुम जानो, इन दिनों जब फसल कटती है तो सभी को थोड़ा-बहुत काम होता है। उसने बहुतेरा चाहा कि कोई मजदूर मिले, मगर न मिला। उधर आसमान पर दो-एक दिन से बादल आने लगे और डर था कि कहीं पानी पड़ गया तो सब दाने ख़राब हो जाएँगे।

बीच में एक दिन कोई त्योहार आ गया, सब किसानों ने अपने यहाँ काम बंद रखा। इसलिए गाँव में बहुत-से आदमियों की छुट्टी हो गई। मंसा उनके पास गया और मुश्किल से पाँच आदमियों को फुसला-पटाकर लाया कि भाई, हमारी दायँ चला दो। घर में आकर बीवी से कहा कि त्योहार का दिन है, ये लोग आज काम को आए हैं, दोपहर को इन्हें पूरियाँ खिलाना।

कोई ग्यारह बजे बीवी ने चूल्हे पर कड़ाही चढ़ाई। कई पली कड़वा तेल कड़ाही में डाला। आटे की एक छोटी-सी टिकिया बनाकर पहले तेल में डाली और जब तेल गरम होकर ख़ूब कड़कड़ाने लगा तो वह टिकिया निकाल ली। इससे कड़वे तेल की होक कम हो जाती है। अब बेलन से बेल-बेलकर

कड़ाही में पूरियाँ डालनी शुरू कीं। कुछ पूरियाँ पक गईं तो बावर्चीखाने में किसान का बेटा बुद्धू जाने कहाँ से आया और इधर-उधर चीजें खकोरने लगा और नाक से बराबर 'सड़-सड़', 'सड़-सड़' करता जाता था। होंठों पर नाक बह रही थी। माँ ने हाथ पकड़कर अपनी तरफ़ खींचा और पल्लू से इस ज़ोर से नाक पोंछी कि बुद्धू कुन-कुन करता हुआ बावर्चीखाने से चल दिया। कड़ाही में जो पूरी पड़ी थी वह इतनी देर में जलने लगी और उसे बुरा लगा कि बुद्धू की माँ ने उसका ज़रा ख़याल न किया और इतनी देर जलते हुए तेल में रखकर उसे तकलीफ़ दी। बुद्धू की माँ ने जल्दी से जो उसे पलटना चाहा तो वह और चिढ़ गई और झट कड़ाही से कूद कर भाग खड़ी हुई कि तुम बुद्धू की नाक पोंछो, मैं तो जाती हूँ।

बुद्धू की माँ ने बहुत चाहा कि उसे पकड़ ले, मगर वह कहाँ हाथ आती है। झट घर में से निकल खेत की तरफ़ भागी। रास्ते में मंसा और उसके पाँच दोस्त दानों पर दायँ चला रहे थे। यह पूरी उनके पास से गुज़री और कहा कि "मैं बुद्धू की माँ से बचकर, कड़ाही से निकलकर आई हूँ, तुमसे भी बचकर निकलूँगी। लो, मुझे कोई पकड़ो तो।" उन आदमियों ने जब देखा कि अच्छी पकी-पकायी पूरी यों पास से भागी जा रही है तो काम छोड़कर उसके पीछे हो लिए, मगर वह भला कहाँ हाथ आती थी! ये सब दौड़ते-दौड़ते हाँफ गए और लौट आए।

खेत से निकलकर पूरी को बंजर में एक ख़रगोश मिला। उसे देखकर पूरी बोली—"मैं तो कड़ाही से निकलकर, बुद्धू की माँ से बचकर, और छः जवान-जवान आदमियों को हराकर आई हूँ। मियाँ छुटदुमे ख़रगोश, तुमसे भी निकल भागूँगी।" ख़रगोश को यह सुनकर और ज़िद हुई और उसने बड़ी तेज़ी से उसका पीछा किया और सच्ची बात तो यह है कि बी पूरी एक भिट में न घुस गई होती तो उस छुटदुमे ने पकड़ ही लिया था। मगर भिट के अन्दर वह लोमड़ी के डर से न गया।

पूरी भिट में जो घुसी तो उसके अन्दर एक लोमड़ी बैठी थी। उसने जो देखा कि पूरी घुसी चली आती है तो झट उठकर खड़ी हुई कि अब आई है तो जाएगी कहाँ! मगर पूरी उलटे पाँव लौटी और यह कहती हुई भागी—"मैं तो कड़ाही में से निकलकर, बुद्धू की माँ से बचकर, छः जवान-जवान आदमियों को हराकर, और मियाँ छुटदुमे ख़रगोश को उल्लू

बनाती आई हूँ। बी मुटदुमी लोमड़ी, मैं तुम्हारे बस की भी नहीं।''

लोमड़ी ने कहा—''कहाँ जाती है, ठहर तो। तेरी शेखी का मज़ा तुझे चखाती हूँ।'' और पीछे लपकी। मगर पूरी थी बड़ी चालाक, उसने झट से एक किसान के मकान का रुख़ किया और लोमड़ी भला कुत्तों के डर के मारे उधर कैसे जाती ? लाचार रुक गई।

किसान के मकान के क़रीब एक दुबली-सी भूखी कुतिया और उसके पाँच बच्चे इधर-उधर फिर रहे थे। उन्होंने भी इरादा किया कि उस पूरी को चट करें। पूरी ने कहा—''मैं कड़ाही में से निकलकर, बुद्धू, की माँ से बचकर, छः जवान-जवान मर्दों को हराकर, मियाँ छुटदुमे ख़रगोश को उल्लू बनाकर और बी मुटदुमी लोमड़ी को चूना लगाकर आई हूँ। अजी बीबी लपालप, मैं तुम्हारे बस की भी नहीं।''

कुतिया बड़ी होशियार थी। आगे को मुँह बढ़ाकर, जैसे बहरे लोग करते हैं, कहने लगी—''बी पूरी, क्या कहती हो, मैं ज़रा ऊँचा सुनती हूँ।'' पूरी ज़रा क़रीब आई और कुतिया ने भी बहरों की तरह अपना मुँह उसकी तरफ़ और बढ़ाया।

पूरी फिर वही कहने लगी—''मैं कड़ाही में से निकलकर, बुद्धू की माँ से बचकर, छः-छः जवान-जवान मुस्टंडों को थकाकर, मियाँ छुटदुमे ख़रगोश और मुटदुमी लोमड़ी को उल्लू बनाकर आई हूँ। अजी बी लप-लप...'' इतना ही कहने पाई थी कि कुतिया ने मुँह मारा 'हप्प' और आधी पूरी उसके मुँह में आ गई। अब जो आधी पूरी बची थी, वह ऐसी तेज़ी से भागी और आगे जाकर न मालूम किस तरह ज़मीन के अन्दर घुस गई कि कुतिया ढूँढ़ते-ढूँढ़ते थक गई, मगर कहीं पता न चला। कुतिया ने अपने पाँचों बच्चों को बुलाया कि ज़रा ढूँढ़ो तो, लेकिन बी पूरी का कहाँ पता लगता है। उस कुतिया ने और उसके बच्चों ने सारी उमर उस आधी पूरी को ढूँढ़ा, मगर वह न मिलना था, न मिली। अभी तक सारे कुत्ते इसी आधी पूरी की तलाश में हर वक़्त ज़मीन सूँघते फिरते हैं कि कहीं से उसका पता चले तो निकालें, इसने हमारी दादी अम्माँ को धोखा दिया था। मगर उस आधी पूरी का कहीं पता नहीं चलता।

मुर्ग़ी का निराला बच्चा

एक बड़ी-सी मुर्ग़ी ने एक बड़े-से टोकरे में बहुत-सी घास-फूस इकट्ठी की और इस नरम-नरम पयाल पर बहुत-से सफ़ेद-सफ़ेद अंडे दिए। और बस दिन-रात इन पर बैठना शुरू किया। एक हफ़्ता गुज़रा, दो गुज़रे, तीन गुज़रे, कहीं इक्कीसवें दिन जाकर अंडे खट्-खट् टूटना शुरू हुए। और हर अंडे में से एक-एक नन्हा-मुन्ना बच्चा निकला। इनके छोटे-छोटे पर कैसे नरम थे, और कैसे गरम ! हर बच्चा रुई का गाला मालूम होता था।

माँ भी कितनी ख़ुश होगी ! लेकिन फिर भी इसे ज़रा-सी फिक्र बाकी थी। एक अंडा रह गया था, जिसमें से अभी तक कुछ न निकला था। बेचारी माँ अपने परों से गरमी पहुँचा रही थी और अल्लाह मियाँ से दुआएँ माँग रही थी कि इसमें से भी ऐसा ही प्यारा-सा बच्चा निकले, जैसे और अंडों में से निकले हैं। इसी फिक्र में दुआएँ माँगते-माँगते दो दिन गुज़र गए कि चौबीसवें दिन सुबह तड़के अंडे के अंदर से किसी ने खट्-खट करके अंडे को तोड़ दिया। अंडा जो टूटा तो एक नन्हा-सा बच्चा निकला।

यह बच्चा भी निराला था। ऐसा काला जैसे काजल, या जैसे काला कौआ होता है, या अगर तुमने देखा हो तो जैसे हब्शी का चेहरा, या जैसे रात का अँधेरा। और इस पर तुर्रा यह कि इस बच्चे का एक ही बाजू था, एक ही टाँग थी और एक ही नन्ही-सी आँख। जो इस आधे लँडूरे को देखता, उसे हँसी आ जाती। इस पर लुत्फ़ यह कि यह मियाँ लँडूरे थे भी बला के शरारती, इन्हें जो सूझती, निराली सूझती।

एक दिन यह निराला बच्चा अपनी माँ के पास गया और कहने लगा—''अम्माँ, मैं घर में नहीं रहूँगा: मैं तो जाकर बादशाह का महल देखूँगा। और बादशाह से मिलूँगा।''

''अरे मेरे प्यारे, मेरे नन्हे लँगटूटू !'' माँ ने कहा—''कैसी बातें करता है ? मुझे इन बातों से डर लगता है। छोटे बच्चों को चाहिए, चैन से घर पर रहें और माँ के परों में ख़ूब गरम-गरम रातें काटें।''

मगर मियाँ लँगड़े ने एक न सुनी। सिर हिलाया, अपना एक बाजू फड़फड़ाया, अपनी कानी आँख इधर- उधर चलाई, और 'चीप-चीप—.खुदा हाफ़िज' कहते हुए उचक-उचककर लँगड़ाते हुए घर से निकल गए।

सड़क के किनारे एक जगह आग जल रही थी। उसके पास पहुँचे। आग ने कहा—''मियाँ लँगड़े, ज़रा अपनी नन्ही-सी चोंच में दो-चार तिनके उठा लाओ और मुझे दे दो कि मैं ज़रा देर और जल लूँ।'' मगर मियाँ लँगड़े ने एक न सुनी। अपना सिर हिलाकर अपना एक बाजू फड़फड़ाया, अपनी कानी आँख इधर-उधर चलाई और 'चीप-चीप—नहीं, हमें .खुद जल्दी है, हम बादशाह से मिलने जा रहे हैं,'' कहते हुए आगे चल दिए।

कुछ दूर चले तो एक छोटा-सा चश्मा मिला। उसका पानी रास्ते के किनारे-किनारे बह रहा था। चश्मे ने कहा—''मियाँ लँगड़े, देखो, मेरे रास्ते में यह दो-चार कंकर आ पड़े हैं, इन्हें जरा अपनी चोंच से हटा दो कि मैं ज्यादा आराम से बह सकूँ।'' मगर मियाँ लँगड़े ने एक न सुनी। अपना सिर हिलाया, अपना एक बाजू फड़फड़ाया, अपनी कानी आँख इधर-उधर चलाई और 'चीप-चीप—नहीं, हमें खुद जल्दी है, हम बादशाह से मिलने जा रहे हैं,' कहते हुए आगे चल दिए।

लँगड़ाते हुए कुछ और आगे बढ़े तो एक झरबेरी की बड़ी-सी झाड़ी मिली। झाड़ी के काँटों में बेचारी हवा का दामन फँस गया था और वह इधर-उधर से निकल-निकलकर चिल्लाती थी। उसने मुर्ग़ी के इस निराले बच्चे को जो देखा तो बोली—''मियाँ लँगड़े मुसाफ़िर, .खुदा के वास्ते रहम करो और मुझे इस झाड़ी से निकाल लो। इसके काँटे बड़े तेज़ हैं और बहुत चुभते हैं।'' मगर मियाँ लँगड़े ने एक न सुनी। अपना सिर हिलाया, अपना एक बाजू फड़फड़ाया, अपनी कानी आँख इधर-उधर चलाई और मुँह बनाकर, ''चीप-चीप—नहीं, हमें .खुद जल्दी है। हम बादशाह से मिलने

जा रहे हैं,'' कहते हुए आगे चल दिए और कूदते-फाँदते बादशाह के महल में पहुँच गए।

बादशाह का बावर्ची एक मुर्ग़ी का चूजा पकड़ने निकला था कि बादशाह के नाश्ते के लिए पकाए। उसने जो मियाँ लँगड़े को उचकते देखा तो इन्हें झट से पकड़ लिया और देगची में डाल आग पर चढ़ा ही तो दिया।

मियाँ चूजे ने चिल्लाना शुरू किया—''दुहाई है, दुहाई ! बी आग, बादशाह सलामत की दुहाई है ! ख़ुदा का वास्ता है ! मुझे जलाओ नहीं।''

मगर आग बराबर जले गई और जलाए गई और उसने जवाब दिया कि ''नहीं-नहीं, अब मेरा मौका है। मैं तुम्हारी मदद न करूँगी। जब मुझे ज़रूरत थी, तो तुम जल्दी में थे। अब मुझे जल्दी है।''

थोड़ी देर तक मियाँ चूजे देगची में पड़े उबलते रहे कि बादशाह का बड़ा बावर्ची आया। उसने जो चपनी उठाकर देखा कि यह चूजा तो काला है, कोयला-सा और इसकी हर चीज़ आधी ही आधी है तो उसे देगची से निकाल उसके बाहर फेंक दिया और बावर्ची से कहा कि दूसरा चूजा लाओ। यह काला चूजा बादशाह सलामत के सामने नहीं जा सकता।

बावर्चीखाने में एक नाली थी, लँगड़ा चूजा उसके पास गया और कहने लगा—''मियाँ पानी, तुम्हें बादलों की क़सम, समन्दर की क़सम, ज़रा मुझे ठंडा कर दो। बिलकुल जल गया हूँ।''

मगर नाली में पानी आहिस्ता-आहिस्ता बहे गया और मुस्कुराकर बोला—''नहीं-नहीं। मैं तुम्हारी मदद नहीं कर सकता। जब मुझे तुम्हारी जरूरत पड़ी थी तो तुम उस वक्त कैसी जल्दी में थे, अब मेरा मौका है—मैं जल्दी में हूँ।''

इधर से हवा का एक तेज झोंका आया और मियाँ चूजे उसमें उड़ गए। अब इन्हें डर लगना शुरू हुआ कि न जाने यह हवा कहाँ ले जाकर फेंके तो लगे, हवा की खुशामद करने—''बी हवा, मुझे इधर-उधर धक्के न खिलाओ। जरा तो चैन से रहने दो।''

लेकिन हवा ने हँसकर सीटी बजाई और कहा—''नहीं-नहीं, अब मुझसे क्या मदद माँगते हो, जब मुझे तुम्हारी जरूरत थी तो तुम बड़ी जल्दी में थे। अब मैं हूँ। मेरे पास वक़्त नहीं कि तुम्हारी बात सुनूँ,'' यह कहकर

हवा ने जो ज़ोर से ऊपर का रुख किया है तो मियाँ लँगड़े एक मीनार की चोटी पर जाकर अटक गए। और अभी तक वहीं लटके हैं। जब हवा चलती है तो इसके साथ-साथ मुड़कर हवा का रुख़ बताते हैं।

मुर्ग़ी का कोई छोटा बच्चा अब अगर उसके परों से निकलकर इधर-उधर जाता है तो दुखियारी मुर्ग़ी ठंडी साँस भरती है और उन्हें उस लँगड़े भाई का क़िस्सा सुनाती है, जो शरारत की वजह से हमेशा के लिए मीनार पर टँगा लोगों को हवा का रुख़ बतलाता है।

अन्धा घोड़ा

बहुत दिनों का जिक्र है, जब हमारे देश में नेक लोग बसते थे और दग़ा-फ़रेब बहुत कम था। हिन्दू-मुसलमान सब एक-दूसरे का ख़याल करते थे और कोई किसी पर ज़्यादती न कर सकता था। जो जिसका हक होता, वह उसे मिल जाया करता था। उन दिनों में एक शहर था आदिलाबाद। फिर जब फिरंगियों ने यहाँ क़दम जमाए और सारे अच्छे-बुरे के मालिक बन बैठे तो हम पर अपनी ज़िम्मेदारी न रही। रंग-रंग के ऐब पैदा हो गए। जब ज़िन्दगी पर से अख़्तियार उठ जाता है तो ऐसा ही होता है। अपनी-अपनी ढोलकी, अपना-अपना राग। सब अपनी-अपनी सोचते हैं, सबकी कोई नहीं सोचता। यों हममें बेईमानी आई, झूठ बोलना और झूठी गवाहियाँ देना हमने सीखा। होते-होते अच्छाइयाँ मिटने लगीं, बुराइयाँ उभरने लगीं। इसी में यह शहर भी खंडहर हो गया। और होते-होते इसका निशान तक न रहा। अब फिरंगी का राज आ गया। हुकूमत की बाग अपने हाथ में आई है तो एक नहीं, सैकड़ों आदिलाबाद बसेंगे, फूले-फलेंगे। इस वक़्त तो उस पुराने शहर का कुछ हाल तुम्हें सुनाएँ।

इस आदिलाबाद के बसनेवाले चूँकि सब नेक और ईमानदार होते थे, इसलिए अगर चोरी-चकारी होती, कोई डाका पड़ता, या कोई किसी का हक़ मार लेता (इसलिए कि नेकी के साथ थोड़ी-बहुत बदी तो सदा लगी ही रहती है), तो दूर-दूर सारे लोगों को ख़बर हो जाती थी और बात मुहल्ले-मुहल्ले, घर-घर फैल जाती थी। ऐसा कभी-कभार ही होता था, बरसों पीछे। जब ऐसा कोई वाकया होता था तो इसका हाल शहर वाले पहाड़ियों पर खुदवा देते थे कि दूसरे आगे चलकर ऐसा न करें, अच्छे

और नेकचलन बने रहें। इसी पुराने ज़माने में इस शहर का एक क़िस्सा है, जो एक पहाड़ी पर पत्थर में खुदा हुआ है। शहर मिट गया, लेकिन किस्सा अभी तक बाक़ी है। क़िस्सा यह है–

इस आदिलाबाद में एक बहुत मालदार दुकानदार रहता था। दूर-दूर के मुल्कों से उसका लेन-देन था। अपने देश में जो अच्छा-अच्छा कपड़ा बनता था, वह यहाँ से दूसरे मुल्कों को भेजा करता और वहाँ से तरह-तरह की चीज़ें मँगवाकर यहाँ बेचता था। अल्लाह ने उसके काम में बड़ी बरकत दी। कारबार दिन-पर- दिन बढ़ता ही जाता था। और उसके पास इतनी दौलत हो गई थी कि कुछ हिसाब-शुमार न था। ड्योढ़ी पर एक छोड़ दो-दो हाथी झूमने लगे। घोड़ों की तो गिनती ही न थी। लेकिन एक सफ़ेद घोड़ा था, जो उसने बहुत दाम देकर अरब से ख़रीदा था। उसे वह बहुत प्यार करता था और उसका नाम रखा था 'सुबक सैर'।

एक दिन का जिक्र है कि उसने बहुत-सा सूती कपड़ा काबुल भेजा था और वहाँ से उसके बदले खालें मँगाई थीं। खालों के पहुँचाने का दिन था। ख़याल था कि तीसरे पहर तक सब माल आदिलाबाद पहुँच जाएगा। लेकिन तीसरा पहर क्या, वह तो शाम हो गई और माल का कहीं पता न था। दुकानदार को फिक्र हुई कि क्या बात है, माल कहाँ रह गया। शाम की नमाज़ पढ़ी, मगर माल नदारद। आख़िर को उसने सोचा कि जरा घोड़े पर बैठकर आगे चले चलें और देखें, शायद कहीं रास्ते ही में माल आता हुआ मिल जाए। यह सोचकर उसने 'सुबक सैर' पर जीन कसवाई और शाही सड़क पर, जिस पर से माल आनेवाला था, घोड़े पर सवार हो निकल चला। शाम का वक़्त था। ठंडी-ठंडी हवा चल रही थी। दिन में जरा पानी पड़ा था, इस वजह से मेढक सब मिलकर कें-कें कर रहे थे और शाम के सन्नाटे में उनकी आवाज़ और भी ऊँची मालूम होती थी। दुकानदार कुछ ऐसा सोच में था कि बेखयाल किए शहर से बहुत दूर निकल गया और एक जंगल में पहुँच गया। अभी वह अपनी धुन में आगे जा ही रहा था कि पीछे से छः आदमियों ने उस पर हमला कर दिया। उसने उनके दो-एक वार तो ख़ाली जाने दिए, लेकिन जब देखा कि वे छः हैं, मैं अकेला हूँ, तो सोचा कि अच्छा यही है कि इनसे बचकर निकल चलो। घोड़े को घर की तरफ़ फेरा, लेकिन डाकुओं के पास भी घोड़े थे,

उन्होंने भी घोड़े पीछे डाल दिए। अब तो अजीब हाल था, सारा जंगल घोड़ों की टापों से गूँज रहा था। एक बूढ़ा-सा मेढक, जिसके साथ-साथ और सब मिलकर चिल्लाया करते थे, इस आवाज़ से घबरा गया और बस एक दफ़ा 'कें' करके दूसरी दफ़ा कहना भूल गया। दूसरे मेढक भी चुप हो गए और सब डुपू-डुपू पानी में कूद पड़े। बहुत देर तक बस अबलक 'सुबक सैर' आगे और छः डाकू पीछे। लेकिन सच यह है कि 'सुबक सैर' ने उस दिन अपने दाम वसूल करा दिए। कुछ देर बाद छहों घोड़े पीछे रह गए और यह उसी तरह सीधा आदिलाबाद पहुँचा और अपने मालिक की जान बचाकर उसे घर ले आया।

पहुँचने को तो 'सुबक सैर' घर पहुँच गया, मगर बदन पर पसीना इस क़दर आया था कि झाग-से मालूम होते थे। कुछ दिनों बाद पता चला कि उसने उस रोज़ इतना जोर लगाया कि टाँगें बेकार हो गईं और फिर कुछ दिनों में ग़रीब की आँखें भी जाती रहीं। लेकिन दुकानदार को 'सुबक सैर' का एहसान याद था। वह ख़ूब समझता था कि 'सुबक सैर' न होता तो उस रोज़ बस जान गई थी। चुनाँचे उसने हुक्म दिया कि जब तक 'सुबक सैर' जीता रहे, उसे रोज़ सुबह-शाम छः सेर दाना दिया जाए और कोई काम उससे न लिया जाए। मालिक का हुक्म था, दाना बराबर दिया जाने लगा। लेकिन जब कुछ दिन गुज़र गए तो दुकानदार ने कहा, ''छः सेर तो बहुत होता है, चार सेर दिया करो।'' साईस ने कहा, ''हुज़ूर, बहुत अच्छा।'' चार सेर दाना दिया जाने लगा। कुछ दिन और गुज़रे, दुकानदार को ख़याल आया, यह 'सुबक सैर' तो बेकार ही खड़ा रहता है, बस तीन सेर दाना बहुत है। कुछ साल और गुज़रे, 'सुबक सैर' जवान था, भला जल्दी से मर कैसे जाता ! एक दिन दुकानदार बोला, ''इस 'सुबक सैर' को दाने की ऐसी क्या ज़रूरत है, यह तो खड़ा ही रहता है। बस, सेर-भर दाना दे दिया करो।'' फिर कुछ अर्सा गुजर गया। 'सुबक सैर' बेचारा बहुत दुबला हो गया था। अब वह पहली-सी बात कहाँ रही थी। शक्ल-सूरत भी वैसी न रही। दुकानदार ने कहा, यह 'सुबक सैर' को ख़्वाह-मख़्वाह क्यों खड़े-खड़े दाना दिया जाए। कोई ख़रीदे तो बेच ही डालें। बेचारे लँगड़े-लूले-अन्धे 'सुबक सैर' को कौन पूछता था, किसी ने दाम न लगाए। आख़िर को एक दिन चिढ़कर दुकानदार ने

कहा, यह कम्बख्त तो अब खाने ही का है, इसे बस हाँक दो। साईस ने घोड़े को खोल दिया, लेकिन 'सुबक सैर' थान से न हटा। बहुत हाँका, लेकिन वह अपनी जगह अड़ा रहा, तो साईस ने लिया चाबुक और एक जमाया, 'सड़' से। 'सुबक सैर' कुछ कसमसाया, लेकिन फिर खड़ा हो गया। साईस ने फिर एक जमाया 'सड़'। गरज इसी तरह मार-मारकर उस बेचारे को बाहर निकाल दिया। 'सुबक सैर' के दिल पर .खुदा जाने क्या गुजरी होगी। दोपहर का निकला शाम तक वहीं सिर झुकाए हुए दरवाज़े के सामने खड़ा रहा। रात हुई तो वहीं सड़क के किनारे बैठ गया। रात को ख़ूब मेह बरसा, ओले पड़े, लेकिन किसी ने उसे अन्दर न आने दिया। बेचारा उम्मीद लगाए वहीं खड़ा रहा। थक जाता तो ज़रा बैठ जाता, फिर खड़ा हो जाता। घर में जहाँ जरा आवाज़ हुई और उसने कान खड़े किए कि शायद कोई आता है और दरवाज़ा खोलकर मुझे अन्दर ले जाता है। मगर कौन आता था! आख़िर सुबह हुई, भूख के मारे बेचारा 'सुबक सैर' बेताब हो गया और सब्र-शुक्र करके वहाँ से चल खड़ा हुआ, कि अल्लाह भला करे तुम्हारा, मैंने तुम्हारे साथ क्या किया और तुमने मेरे साथ क्या किया ! चलने को तो बेचारा चल खड़ा हुआ, मगर आँखों से अन्धा था, जगह-जगह टकराता, ठोकरें खाता। इधर-उधर सूँघता कि कहीं कोई दाना पड़ा हो, घास का टुकड़ा हो या और कुछ, तो पेट में डाले, मगर कुछ न मिला।

अब सुनो—इसी शहर आदिलाबाद में एक बहुत बड़ी मस्जिद थी और एक बड़ा मन्दिर। उनमें नेक मुसलमान और हिन्दू आकर अपने-अपने तरीके से अल्लाह मियाँ का नाम लेते और उनको याद करते थे। इसी मन्दिर और मस्जिद के बीच में एक बहुत ऊँचा मकान था, जिसके बीच में एक बड़ा-सा कमरा था। उस कमरे में एक बहुत बड़ा घंटा लटका था, जिसमें एक लम्बी-सी रस्सी बँधी थी। इस घर का दरवाज़ा दिन-रात खुला रहता था। शहर आदिलाबाद में जब कोई किसी पर ज़ुल्म करता, या किसी का माल दबा लेता, या किसी का हक मार लेता, तो वह इस घर में जाता, रस्सी पकड़कर खींचता तो यह घंटा इस ज़ोर से बजता कि सारे शहर को ख़बर हो जाती। घंटे के बजते ही शहर के पंच—अच्छे-अच्छे मुसलमान और हिन्दू—वहाँ आ जाते और फ़रियादी की फ़रियाद सुनकर

उसका इन्तजाम करते।

इत्तिफ़ाक की बात, 'सुबक सैर' रात-भर मारा-मारा फिरा और सुबह होते-होते उस घर के दरवाज़े पर जा निकला। दरवाज़े पर तो कुछ रोक-टोक न थी, तो वह सीधा घर में घुस गया। बीच में रस्सी लटकी थी। यह ग़रीब मारे भूख के हर चीज़ पर मुँह चलाता था। रस्सी को भी लगा चबाने। रस्सी चबाने में जो ज़रा खिंची तो घंटा बजा। मुसलमान अपनी मस्जिद में नमाज़ के लिए जमा थे, पुजारी मन्दिर में पूजा कर रहे थे। घंटा जो बजा तो सब चौंक पड़े और अपनी नमाज़, पूजा ख़त्म करके उस घर में आन जमा हुए। शहर के पंच भी आए। अब जो देखते हैं तो बीच में 'सुबक सैर' खड़ा है। पंचों ने पूछा, यह अन्धा घोड़ा किसका है? लोगों ने बताया कि यह उस सौदागर का है। इसने सौदागर की जान बचाई थी। पूछा गया तो मालूम हुआ कि अब सौदागर ने इसे निकाल बाहर किया है। पंचों ने सौदागर को बुलवाया। सबकी अजीब हालत थी। एक तरफ अन्धा घोड़ा खड़ा था। उसके ज़बान न थी, जो कि शिकायत करता। दूसरी तरफ़ सौदागर खड़ा था। लेकिन सब जानते थे, क्या मामला है और सबसे ज़्यादा सौदागर .ख़ुद जानता था। शर्म के मारे आँखें झुकाकर खड़ा रहा। पंचों ने कहा, तुमने अच्छा नहीं किया। इस घोड़े ने तुम्हारी जान बचाई। इसी में अन्धा हुआ, लँगड़ा हुआ, और तुमने इसके साथ क्या किया ! तुम आदमी हो, यह जानवर है। आदमी से अच्छा तो जानवर ही रहा। हमारे शहर में ऐसा नहीं होता। यहाँ हर एक को उसका हक़ मिलता है और एहसान का बदला एहसान समझा जाता है। सौदागर का चेहरा शर्म से लाल हो गया। आँखों से आँसू निकल पड़े। बढ़कर उसने घोड़े की गर्दन में हाथ डाल दिए। उसका मुँह चूमा और कहा—"मेरा क़सूर माफ़ करो।" यह कहकर उसने 'सुबक सैर' को साथ लिया और घर लाया। फिर मरते दम तक उसके लिए हर तरह के आराम का इन्तजाम रहा।

आओ, घर-घर खेलें

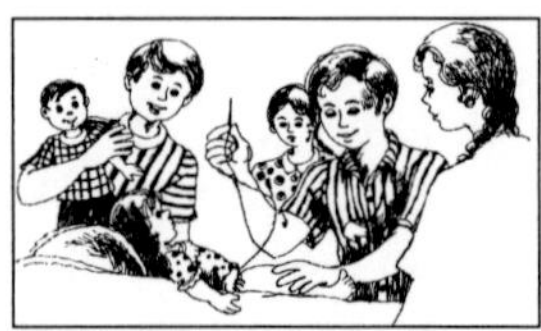

रशीद और हम साथ-साथ पढ़ते हैं। उसकी बहन राशिदा भी हमारे साथ पढ़ती है। दोनों साफ़ रहते हैं। सच बोलते हैं। किसी से लड़ते नहीं। कल की छुट्टी थी तो असद, मोहन और सीता सब रशीद के घर खेलने गए। मोहन ने पूछा– "क्या खेल होगा ?"

राशिदा ने कहा–"आज घर-घर खेलेंगे।"

ज़रा-सी देर में घर बनने लगा। रशीद और मोहन कहीं से एक पुराना लकड़ी का सन्दूक उठा लाए, सामने लकड़ी के तख्ते रख दिए। असद कहीं से हरा रंग ले आया और झट-पट घर को हरा रँग दिया। वह देखो, घर तैयार हो गया। राशिदा बनी माँ–असद बने अब्बा। राशिदा बोली–"चलो, बच्चो, चलो। अब्बा चीज़ लाए हैं।"

रशीद की बिल्ली दौड़ी–"म्याऊँ-म्याऊँ ! हमें भूख लगी है। ज़रा-सा दूध पिला दो।"

असद का कुत्ता दौड़ा–"भों-भों ! मुझे भी भूख लगी है। एक टुकड़ा ही दे दो।"

राशिदा की चिड़िया भी फुर्र से उड़कर आई–"चूँ-चूँ-चूँ-चूँ, मुझे भी भूख लगी है। दो दाने मुझे भी दे दो।"

राशिदा का एक छोटा भाई चुन्नू भी जल्दी-जल्दी आया, एक हाथ में मुन्ना, एक हाथ में मुन्नी। "मुझे भी भूख लगी है और मुन्ना को भी और मुन्नी को भी।"

माँ ने कहा–"देखो-देखो ! यह क्या है ? अब्बा ने तुम्हारे लिए यह क्या बनाया है !"

बिल्ली ने घर को देखा और बोली—"म्याऊँ- म्याऊँ! बहुत अच्छा है।"

कुत्ते ने घर को देखा और बोला—"भों-भों ! बहुत अच्छा है।"

चिड़िया ने घर को देखा और बोली—"चूँ-चूँ ! बहुत अच्छा है।"

चुन्नू ने घर को देखा और बोला—"वाह-वाह, बहुत अच्छा है।"

मुन्ना और मुन्नी ने भी घर को देखा और कहा—"चें-चें ! बहुत अच्छा है।"

माँ ने कहा—"अच्छा, तुम सब यहाँ खेलो, मैं सबके लिए खाना लाती हूँ।"

खेल

माँ गई खाना लाने, बच्चों ने कहा, "जब तक ज़रा खेल लें।"

पहले नए घर को इधर से देखा, उधर से देखा। इधर दौड़े, उधर भागे। भों-भों, म्याऊँ-म्याऊँ के पीछे दौड़ा। म्याऊँ-म्याऊँ, चूँ-चूँ के पीछे लपकी। चूँ-चूँ कभी फुर्र से उड़कर इधर बैठी, कभी फुदककर उधर। चुन्नू भी अपनी गुड़ियों को गोद में लिए कभी मेज़ के नीचे बैठ जाता, कभी कुर्सी के ऊपर।

इतने में मोहन ने कहा—"अच्छा, सब छिप जाओ। हम ढूँढ़ेंगे।" मोहन ने आँखें बन्द कर लीं। बच्चे सब छिप गए।

चिड़िया ने कहीं से कहा—"चूँ-चूँ—मोहन! मोहन! अब आँखें खोल लो।"

मोहन ने आँखें खोल लीं और बच्चों को ढूँढ़ने लगा।

पिंजरे में देखा, कोई नहीं।

खिड़की में देखा, कोई नहीं।

कुर्सी पर देखा, कोई नहीं।

मेज़ के नीचे देखा, कोई नहीं।

सब न जाने कहाँ जाकर छिप गए थे !

खाना आ गया

इतने में अम्माँ खाना ले आईं।

"चलो, बच्चो, खाना आ गया।" अम्माँ ने मेज़ पर रकाबियाँ रख दी थीं। कटोरियों में पानी भर दिया था। रशीद ने हाथ में पानी का लोटा लिया और कहा—"आओ भाई! सब हाथ धो लो। खाना खाने से पहले हाथ जरूर धोने चाहिए।"

सबने हाथ धोए और आमने-सामने बैठ गए। चुन्नू ने मुन्ना और मुन्नी को एक तरफ़ दीवार से लगाकर खड़ा कर दिया, और ख़ुद सबके बराबर आकर बैठ गए। म्याऊँ-म्याऊँ भी आईं। मगर भों-भों दूर ही खड़े दुम हिलाते रहे। म्याऊँ-म्याऊँ ने देखा कि सब हाथ धोकर आए हैं तो उन्होंने भी अपने हाथ साफ़ करने चाहे। जबान से उन्हें चाट लिया।

अम्माँ ने कहा—"पहले इनको दे दूँ, फिर अभी तुम्हारे लिए लाती हूँ।"

म्याऊँ-म्याऊँ के सामने दूध का एक प्याला रख दिया। बिल्ली ने कहा—'म्याऊँ-म्याऊँ' और दूध पीने लगी।

भों-भों को एक बड़ी-सी हड्डी दे दी। भों-भों ने कहा—'गुर्र-गुर्र।' भों-भों हड्डी मुँह में दबा एक तरफ़ को हो गया। दुम से ज़मीन पर झाड़ू देकर वहाँ बैठ गया और हड्डी चबानी शुरू कर दी।

अम्माँ ने बड़ी-सी रकाबी में खिचड़ी निकाली और लाकर बीच में मेज पर रख दी।

गरम-गरम ख़ूब भाप निकल रही थी। एक प्याली में घी लाकर रख दिया। एक में दही। मोहन ने कहा—"घी तो बहुत अच्छा है, कैसा पीला-पीला साफ है !"

अम्माँ ने कहा—"अपनी गाय का है। कुछ दूध हम सब पीते हैं, कुछ जमा देते हैं। कभी दही को जमा करके घी निकालते हैं।"

सबने चमचे से खिचड़ी में घी डाला। चुन्नू ने घी का चमचा दही में डाल दिया। रशीद ने कहा—"चुन्नू मियाँ, यह दूसरा चमचा ले लो। इससे दही निकालो।" सबने दही और घी मिलाकर खूब खिचड़ी खाई।

असद ने कहा—"चटनी होती तो बड़ा मजा आता।"

अम्माँ ने कहा—"जल्दी में लाना भूल गई, हरे पुदीने की चटनी तो

बना रखी है।'' झट जाकर एक नन्ही-सी तश्तरी में चटनी लाकर रख दी।

सबने थोड़ी-थोड़ी खिचड़ी और ली, मगर रशीद ने कहा—''भाई, हम तो खिचड़ी खा चुके। ज़रा-सी रोटी मिलती तो चटनी से दो निवाले और खाते।''

अम्माँ ने कहा—''हाँ-हाँ, रोटी भी है, मगर ठंडी है। चपाती का टुकड़ा दूँ या खमीरी रोटी का ?''

रशीद ने कहा—''खमीरी दे दो।''

अम्माँ ने आधी रोटी खमीरी लाकर दी। रशीद ने रोटी से चटनी लगाकर खूब मज़े से ले-लेकर खाई। फिर सबने गरम पानी और साबुन से हाथ धोए।

मुन्नी की बीमारी

सब खाना खा चुके तो मोहन को ख़याल आया कि चुन्नू की गुड़ियों ने तो कुछ खाया ही नहीं। उसने कहा—''हम सबने तो गरम-गरम खिचड़ी खा ली, मगर मुन्ना और मुन्नी तो मुँह ही तकते रहे।''

अम्माँ ने कहा—''नहीं, वह तो कई दिन से कुछ खाती ही नहीं, कुछ जी अच्छा नहीं है। मुन्ने को दस्त आ रहे हैं, मुन्नी की आँख आई है।''

यह सुना तो सबने कहा कि देखें, क्या बात है ?

क्या देखते हैं कि बेचारी मुन्नी की तो एक टाँग ही टूट गई है। न जाने चुन्नू ने कहीं गिरा दिया या कि यह आप कहीं फिसलकर गिरी। एक टाँग अलग रखी थी।

सब चिल्ला उठे—''अरे, अरे ! मुन्नी की तो टाँग टूट गई है।''

अम्माँ यह सुनकर दौड़ीं। चुन्नू भी दौड़े।

अम्माँ ने कहा—''जल्दी से डॉक्टर बुलाओ, जल्दी से !''

असद ने कहा—''मैं जाता हूँ। अभी डॉक्टर लाता हूँ।''

मोहन डॉक्टर बने। अरहर की लकड़ियाँ पड़ी थीं। उनमें से एक पतली-सी लकड़ी को बुखार देखने का आला बनाया। उसे कहते हैं 'थर्मामीटर'।

एक सुतली पड़ी थी, उसे गले में लटकाया और उसमें मिट्टी की एक प्याली बाँध ली। और आए खट-पट खट-पट।

"लो ! डॉक्टर साहब आ गए, डॉक्टर साहब आ गए !"

डॉक्टर साहब—"आदाब अर्ज है।"

सब—"आदाब अर्ज है, डॉक्टर साहब !"

डॉक्टर साहब—"कहिए, क्या बात है ? कौन बीमार है ?"

रशीद—"मुन्नी बीमार है, डॉक्टर साहब !"

डॉक्टर साहब—"कहाँ है मुन्नी ?"

रशीद—"डॉक्टर साहब, चारपाई पर लिटा दिया है। बहुत बीमार है, डॉक्टर साहब ! टाँग टूट गई है, डॉक्टर साहब !"

डॉक्टर साहब—"भाई, है कहाँ ?"

रशीद—"यह है, चारपाई पर रज़ाई ओढ़े पड़ी है। बहुत बीमार है, डॉक्टर साहब ! टाँग टूट गई है, डॉक्टर साहब !"

डॉक्टर साहब—"अच्छा भाई, अच्छा। समझ गया कि मुन्नी बहुत बीमार है। ज़रा उसे देख तो लूँ। कहो मुन्नी बेटी ! कैसी हो ?"

मुन्नी—(रो-रोकर) "डॉक्टर साहब ! आँख दुखती है। और टाँग, डॉक्टर साहब, टूट गई है, अलग हो गई है डॉक्टर साहब, अलग !"

डॉक्टर साहब—"ओ हो ! अच्छा, तुम्हें ज़रा अच्छी तरह देख लें। अच्छा, जरा मुँह तो खोलो। यह थर्मामीटर मुँह में रख लो।"

डॉक्टर साहब ने घड़ी निकाली। थोड़ी देर बाद कहा—"अब मुँह से थर्मामीटर निकालो।"

फिर उस थर्मामीटर को देखा, और बोले—"हाँ, बुखार तो है। कहो—आ आ आ—हूँ, ठीक है। गला तो ठीक है। ज़रा तुम्हारा सीना भी देखूँ। मगर तुम तो इतने कपड़े पहने हुए हो—पहले कोट, उसके नीचे मिर्जई, उसके नीचे कुरता, उसके नीचे बनियान। भाई, ज़रा इनके ये कपड़े उतारो।"

चुन्नू ने मुन्नी के कपड़े उतारे। डॉक्टर साहब ने उँगली से इधर ठोका, उधर ठोका। मिट्टी की प्याली छाती पर रखी और कहा—"मुन्नी, कहो एक, दो, तीन,—हाँ एक, दो, तीन। फिर एक, दो, तीन...ज़रा खँखारो, फिर खँखारो। हूँ, सीना भी ठीक है, दिल भी ठीक है। बस, मैं नीली शीशी में एक दवा भेजूँगा, वह आँख में डालना—घंटा-घंटा भर बाद। और

देखो, मुन्नी के तौलिया से कोई मुँह न पोंछे, नहीं तो उसकी आँखें भी दुखने आ जाएँगी। और हाँ ! ज़रा सुई-तागा तो लाना। मुन्नी की टाँग सी दूँ।"

डॉक्टर ने देखते-देखते मुन्नी की टाँग सी दी और कहा—"अब इन्हें कुरता पहना दो और ऊपर से लिहाफ उढ़ा दो। मैं कल आकर फिर देख लूँगा।"

चुन्नू ने ज़रा उचककर जो देखा तो मुन्नी की टाँग डॉक्टर साहब ने उल्टी सी दी थी। उँगलियाँ पीछे और एड़ी आगे।

चुन्नू—"डॉक्टर साहब ! मुन्नी की टाँग तो उल्टी लग गई है।"

डॉक्टर ने कहा—"खैर भाई, अब तो सिल गई। यह भी काम देगी। फिर कभी काटकर जोड़ दूँगा। अब तो मुन्नी को बहुत तकलीफ़ होगी। अच्छा, मैं अब जाता हूँ। आदाब अर्ज !"

कहानी कहो

बच्चों ने शाम से कहना शुरू किया—"अम्माँ, कहानी कहो, कहानी कहो। मोहन भी है, चुन्नू भी है। अम्माँ, कहानी कहो।"

अम्माँ ने कहा—"अच्छा, कैसी कहानी सुनोगे ?"

असद ने कहा—"मज़े की।"

मोहन ने कहा—"अच्छी-सी।"

चुन्नू ने कहा—"ऐसी, जिससे हँसी आए।"

अम्माँ ने कहा—"अच्छा, सुनो।"

"एक थे लालू, एक थे कालू और एक थे भालू। लालू, कालू, भालू साथ-साथ रहते थे। उनका घर बहुत अच्छा था, साफ़ था। ये तीनों भी बहुत साफ़ रहा करते थे। ये दिन को साथ-साथ काम करते थे और खेलते थे। रात को अपने-अपने कमरे में जाकर सो जाते थे। सात बजे और ये सब जाकर सो गए।

एक दिन क्या हुआ, लालू भी जाकर बिछौने पर लेट गए, कालू भी बिछौने पर जाकर लेट गए, और भालू भी जाकर अपने बिछौने पर लेट गए। कालू तो सो गए, लालू भी सो गए, मगर भालू को नींद नहीं आई।

भालू ने दोनों आँखें बन्द कर लीं। नींद न आई। सीधी आँख खोली। फिर उल्टी आँख खोली। फिर दोनों आँखें खोलीं। फिर दोनों आँखें बंद कर लीं। मगर नींद न आई।

भालू ने इधर करवट ली, भालू ने उधर करवट ली, मगर नींद न आनी थी न आई। घड़ी बजना शुरू हुई—एक, दो, तीन, चार, पाँच, छः, सात, आठ बज गए और नींद न आई। नौ बज गए और नींद न आई।

भालू उठे। खिड़की में से मुँह निकाला तो चन्दा मामा ऊपर से देख-देखकर हँस रहे थे। चन्दा मामा ने सीधी आँख का इशारा किया और गाने लगे :

आओ चलें जी भालू
आओ उड़ें जी भालू
नींद तो अब आने की नहीं
आओ चलें जी भालू
आओ उड़ें जी भालू
भालू भैया भालू।

इधर से हवा आई—जायँ, जायँ, जायँ। फिर एक झोंका आया—जायँ, जायँ, जायँ। सारा घर हिलने लगा।

भालू की चारपाई चलने लगी। भालू को डर लगा। उसने चिल्लाकर कहा—"लालू-लालू ! कालू-कालू !!" मगर न लालू बोले न कालू।

चन्दा मामा की आवाज़ आई वही :

आओ चलें जी भालू
नींद तो अब आने की नहीं
आओ उड़ें जी भालू
भालू भैया भालू।

भालू की चारपाई खिड़की में से उड़कर बाहर पहुँची। फिर बाग़ के पेड़ों के ऊपर से उड़कर न जाने कहाँ-कहाँ गई। वह बेचारा डरता रहा और चिल्लाता रहा :

लालू लालू, कालू कालू !

मगर किसी ने जवाब न दिया, बस, चन्दा मामा गाते रहे—

आओ उड़ें जी भालू
भालू भैया भालू ।

एक दफ़ा धम से हुआ और भालू रेत पर आ रहे। भालू ने डरते-डरते एक आँख खोली, फिर दूसरी आँख खोली तो वही कमरा, वही मकान। चुपके से उठे और लालू के कमरे में झाँककर देखा, लालू सो रहे थे—'खुर-खुर, खुर-खुर !'

भालू भी आकर चुपके से लेट गए। आँखें बन्द कीं तो यह भी करने लगे—'खुर-खुर, खुर-खुर !'

बस, कहानी ख़त्म।

उक़ाब

पहाड़ के दामन में एक हरी-भरी लहराती वादी है। जिधर देखो, घास का फ़र्श, नंगे पाँव भी चलो तो ऐसा मालूम हो कि पैर में किसी होशियार कारीगर का बनाया हुआ बहुत नरम चमड़े का जूता है। बिलकुल ठीक—न ढीला, न तंग। वादी में छोटा-सा दरिया बहता है। यह पहाड़ी चश्मा है, इसलिए पानी साफ़ है, जैसे आईना, और ठंडा ओला। दरिया से कुछ हटकर जरा ऊँचे पर बस्ती है। बीच में चौड़ी-चकली सड़क, इधर-उधर सफ़ेद-सफ़ेद मकान, छतें ढलवाँ सुर्ख़-सुर्ख़, बाज़ार बड़े सलीक़े का, दुकानें ख़ूब सजी हुईं, चौखटों और दरवाजों पर हरा-हरा रंग जैसे अभी कल ही किसी ने किया हो। गाँव के इर्द-गिर्द धान के ऐसे लहलहाते खेत कि देखकर आँखें ठंडी हों। यों कहने को तो सब खेत हरे हैं, पर हरएक का रंग अलग-अलग है, कोई हलका अंगूरी, कोई इससे ज़रा तेज़ मूँगिया, कोई गहरा काही, किसी में पीलाहट झलकती, किसी में नीलाहट। ऐसा लगता कि किसी पहाड़ी परी की शादी हो और बड़ी बारात आने को हो। नाते-रिश्ते की परियों के यहाँ से हरे कालीन मँगाकर महफ़िल के लिए बिछाए गए हों। हैं सब हरे, पर हरएक का हरापन अपना-अपना है। कैसी बड़ी बारात होगी कि जहाँ तक नजर जाती है, यह फ़र्श बिछा दिखाई देता है।

खेतों से परे भी हर जगह हरियाली ही हरियाली है, मालूम होता है कि घास के दिन भी यहाँ फिरे हैं और यहाँ का हवा-पानी इसे ख़ूब रास आया है। मगर ज़रा देखो तो इसकी शोखी, पेट क्या भरा कि लगी दूर की सूझने। न आव देखा न ताव, लगी पहाड़ पर भी चढ़ने। पहले तो इसकी शोखी देखकर यह पुरानी-पुरानी चटियल चट्टानें, जिन्होंने बहुतेरे

नरम-गरम सहे हैं, मुस्कुराईं। एक चट्टान ने दूसरी से कहा–''अरी बहन! तुमने देखा, यह नीचे हरा-हरा-सा क्या है, जो हर घड़ी मेरे पैरों पर सुर-सुर रेंगता है!''

दूसरी बोली–''है कौन, बदतमीज़ है, तुमने ख़्वाह-मख़्वाह मुँह लगाया है। कल मेरे तलवे में भी तो गुदगुदी कर रही थी, बड़ी आई कहीं की!''

चट्टानों में रोज़ ऐसी ही बातें होतीं, मगर बी घास अपना काम किए गईं।

पहाड़ पर चढ़ने में दम फूल-फूल जाता था, मगर उसने जो ठान ली थी, वह कर ही गुज़री। चट्टानों की बोली वह ख़ूब समझती थी। उन्हें बुरा-भला कहते सुनती तो जी-ही-जी में कह लेती–'किये जाओ बक-बक और हँसे जाओ मुझ पर। मगर हँसना उसी का, जो आख़िर में हँसे। मैंने जो जी में ठानी है, वह मैं ख़ूब जानती हूँ और देखना, अल्लाह ने चाहा तो एक दिन कुछ-न-कुछ हो ही जाएगा, यों छोटे-छोटे क़दमों से बड़ी-बड़ी मंज़िलें तय हो जाती हैं।'

होते-होते नौबत यहाँ तक पहुँची कि उसने कई आधी-आधी चट्टानों को बिलकुल ढक लिया। चट्टानों ने सोचा कि यह तो हँसी-हँसी में मुँह को आती है। कुछ झुँझलाकर सिर जो हिलाया तो पत्थरों के बड़े-बड़े टुकड़े उस पर आकर गिरे और आगे जाने का रास्ता बन्द कर दिया।

पत्थरों के गिरने की जो आवाज़ हुई तो बी काई, जो कहीं पड़ी सो रही थीं, जागीं और अँगड़ाई लेकर जो देखा तो चारों तरफ़ घास-ही-घास की अमलदारी है। इस पर उन्हें भी कुछ तैश आया। आगे बढ़कर बोलीं कि ''मज़ाक हो चुका। अब आगे कदम बढ़ाया तो अच्छा न होगा। यह मेरा इलाका है। तेरे लिए तो नीचे सारा मैदान छोड़ दिया है। वहाँ क्यों नहीं जाती ? हमेशा परायी चीज़ ही को तकती है। बेशर्म कहीं की ! ख़बरदार जो इधर का रुख किया !''

थोड़े दिनों में काई ने उन सब लुढ़के हुए पत्थरों को अपनी काही वर्दी पहनाकर अपने लश्कर में दाख़िल कर लिया तो इनके भी ज़रा पर निकले। सोचा कि घास की तरह आगे क़दम बढ़ाऊँ और पहाड़ की चोटी पर भी अपना कब्ज़ा जमाऊँ। मगर ये चट्टानें हैं कि अल्लाह की शान, इन्हें किसी और का पहनावा नहीं भाता। इनकी अपनी आन-बान क्या कम

है, जो रंगीन कपड़ों से इसे बढ़ाने की कोशिश करें? यह तो जिसे अपने ऊपर भरोसा न हो वह बजाज और दर्जी के यहाँ से इज़्ज़त मोल लाए, बस इन्हें तो अपने चेहरे के सामने बादलों का भीगा-भीगा परदा अच्छा लगता है। या दिन में धूप की हलकी-सी चादर ओढ़ ली और शाम की लाली का सुर्ख़ और सुनहरा दुशाला सिर पर डाल लिया।

हाँ, तो चट्टानों के इस ऊपर वाले हिस्से में एक उकाब रहता था। आदमियों की बस्ती से दूर और उनके झगड़े-टंटों से अलग। सुबह को साफ़-साफ़ भीनी-भीनी ख़ुशबू वाली हवा जब उसके घोंसले पर आकर सलाम करती तो वह अपने परों को जरा हिलाता, अपने ताक़तवर बाज़ुओं को फैलाता, जैसे कोई हवाई जहाज़ वाला सफर से पहले देखे कि सब कल-पुर्ज़े ठीक हैं कि नहीं। जब ज़रा धूप निकल आती और नीचे की दुनिया अपनी रोज़ी के धंधों में लग जाती तो वह भी पर फैला चट्टान से उड़ता और आहिस्ता-आहिस्ता सारी वादी पर चक्कर लगाकर बस्ती का, बस्ती वालों का, खेतों का और तेज़ी से बहने वाले दरिया का मुआयना करता। कहीं कोई काम की चीज़ नज़र पड़ गई, कोई ख़रगोश या चूहा, कोई कबूतर या मुर्ग़ी का चूजा, तो वह बिजली की तरह झपटता और आन की आन में उसे उठाकर घोंसले में पहुँचा देता। वहाँ खा-पीकर चट्टान से सारे संसार को देखा करता।

यों ही न जाने कितना ज़माना गुज़र चुका था। जब हवा में नन्हे-नन्हे सफ़ेद रुई के गाले-से नाचते देखता, या बर्फ़ से ढकी हुई सफ़ेद-सफ़ेद छतों पर उसके बाज़ुओं का काला साया उसे दिखाई देता तो वह समझ जाता कि अब सर्दी का ज़माना आ गया। फिर पेड़ों की काली-काली नंगी शाखों पर हलका-हलका हरा लिबास देखता और चिड़ियों का चहचहाना और मस्त हो-होकर गाना सुनता तो जान लेता कि बहार आ गई। मैदान में हिरनों के गोल के गोल चौकड़ी भरते दिखाई देते और चट्टान के पास दरियाई चिड़ियों के परे के परे गर्म मुल्कों के सफ़र के इरादे से गुज़रते तो वह ताड़ जाता कि पतझड़ की सवारी आने को है। कोई आए, कोई जाए, उसकी ज़िन्दगी जैसे आज है, वैसी कल, वही चट्टान, वही अकेलापन, वही खामोशी का एहसास, न किसी को सहारा देने का मौका, न किसी से मदद लेने की ज़रूरत, बस अपनी दुनिया आप।

एक दिन का जिक्र है कि उकाब अपने सुबह के चक्कर पर निकला तो बस्ती के क़रीब एक छोटा-सा सफ़ेद जानवर खेलता दिखाई दिया। वह झपटा और पलक के एक झपके में उस नन्हे-से सफ़ेद शिकार को अपनी चोंच में उठा लिया। उसे इधर से देखा, उधर से देखा। न ख़रगोश, न चूहा, न गिलहरी, न नेवला। ओहो, नन्हा-सा बिल्ली का बच्चा है और 'म्याऊँ-म्याऊँ' कर रहा है। उकाब ने उसे आहिस्ता से अपने बड़े-से घोंसले के एक कोने में बिठा दिया, जैसे पहले बहुतेरे जानवरों को बिठा चुका था, मगर उसे मारकर खाने की हिम्मत न हुई। न जाने क्या बात थी कि यह ख़याल ही दिल में न आया।

मिन्नू अभी बहुत ही नन्ही-सी थी, समझ-बूझ भी न थी, शायद इसीलिए किसी का डर-खौफ़ भी दिल में न था। वह क्या जानती थी कि यह उकाब चाहे तो उसे भी चट कर जाए। वह कुछ देर तो कोने में बैठी, फिर उठकर सारे घोंसले में घूमी, इधर-उधर जो गोश्त के टुकड़े पड़े थे वे खाए। बस जैसे अपना ही घर हो। लाल-लाल ज़बान से अपना मुँह पोंछा, अपना सफ़ेद-सफ़ेद बदन चाटा और बन-ठनकर घोंसले के दरवाजे पर आई और चारों तरफ़ एक नज़र डाली।

उकाब मिन्नू को घोंसले में अकेला छोड़कर पास वाली चट्टान पर जा बैठा था। पहले तो वहाँ से सब तमाशा देखता गया और दिल में न जाने क्या ख़याल आते रहे। जब मिन्नू चट्टान के सिरे पर आई तो उसके दिल में यह ख़याल आया कि शायद मुझे ढूँढ़ती है। झट उड़कर उसके पास पहुँचा। "क्यों, किधर चलीं ? यह सुन लो, मैं जाने नहीं दूँगा।" मिन्नू ज़रा पीछे हटी, पीठ में एक कूबड़-सा बनाया, घोंसले की एक दीवार से बदन रगड़ा और गुंडली-मुंडली होकर बैठ गई। उकाब भी एक तरफ़ बैठ गया। और जरा प्यार से अपना सिर जो मिन्नू की तरफ़ बढ़ाया तो मिन्नू ने निहायत बेतकल्लुफ़ी से अपने मखमल जैसे हाथों में उसका सिर ले लिया और लगी उससे खेलने। थोड़ी देर में उसे अपने पंजों से खुजलाने लगी। उकाब साहब को भी यह अच्छा लगा तो हजरत ने आँखें बन्द कर लीं। मिन्नू थोड़ी देर तो सिर से खेली, फिर उठी और उकाब की पीठ पर जा बैठी। वहाँ से उतर उसकी चोंच से अपना बदन रगड़ा, फिर उसके परों तले पहुँच सिमट-सिमटाकर उसके दोनों परों के बीच में जा बैठी और

लगी खुर-खुर, खुर-खुर करने।

उकाब के लिए ये सब नई बातें थीं। उसके क़रीब भी भला कौन बैठता था, जो उससे प्यार करता और खेलता। बस बैठे रहे जैसे दम साधे। फिर बोले—"मिन्नू, सच बता, तू यहाँ रहेगी ? जी लग गया ?"

मिन्नू बोली—"क्यों नहीं, रहूँगी क्यों नहीं ? मुझे तुम्हारी चोंच और तुम्हारे पर, और हाँ, तुम्हारी आँखें बहुत अच्छी लगती हैं।"

उकाब और ये बातें ! बस, हजरत लोट-पोट हो जाते थे। रात हुई तो मिन्नू उसके परों में घुसकर मजे से गरम-गरम सो गई। उकाब का यह हाल कि न सोतों में न जागतों में, बस एक सपने की-सी हालत। इतने दिन तो अकेले काटे, न साथी न दोस्त, अब इस मिन्नू को उठाकर यहाँ ला बसाया। देखो कैसी गुजरे ! बहुत देर इसी सोच में चुपचाप बैठा रहा। जी चाहा कि ज़रा परों को इधर-उधर करे, मगर इस ख़याल से कि मिन्नू जाग जाएगी, देर तक वैसे ही बैठा रहा। आख़िर को उसने भी अपना सिर परों में छिपा लिया और सो गया।

यानी ज़िंदगी के दिन तो यों भी अच्छे कटते थे, अब उनमें एक और रंग पैदा हो गया, कुछ गुलाबी-गुलाबी-सा। सुबह-सुबह उकाब चला जाता, थोड़ी देर में शिकार मार लाता, घोंसले में आकर .ख़ुद खाता और मिन्नू को खिलाता। दिल-ही-दिल में अकसर यह सोचा करता कि 'मैं चला जाता हूँ तो यह मेरा इन्तज़ार करती है कि नहीं ?...मुझे याद भी करती है ? न जाने मैं इसे अच्छा भी लगता हूँ ?"

शिकार में से अच्छा-अच्छा माल हमेशा मिन्नू को देता और घटिया खुद खाता। एक जमाना यों कट गया। मगर अब सुनिए। बी मिन्नू का दिल लगा घबराने ! हर वक्त 'म्याऊँ-म्याऊँ' की रट, न उकाब का सिर खुजाना, न उससे खेलना। वह कुछ छेड़-छाड़ करे तो मखमल के-से गद्दों में से लोहे के-से काँटे बाहर निकल आएँ और खुर-खुर की जगह नाक चढ़ाकर अजीब खिसियानी-सी आवाज़। पहले तो दो-एक दिन मिन्नू की इन बातों में भी उकाब को बड़ा मज़ा आया। फिर कुछ घबराया। मगर समझ में न आया कि बात क्या है और उकाब बहुत ही उदास रहने लगा। एक दिन निहायत संजीदगी के साथ मिन्नू से बोला—"क्या तेरा जी अब यहाँ नहीं लगता ? मिन्नू, देखो तो सही, हमारी ज़िन्दगी कैसे मज़े

से कटती है! यहाँ ऊपर रहते हैं—आदमियों और उनकी सारी गन्दगियों से दूर। साफ़ हवा और सूरज की गरमाने वाली रोशनी। मेरी आँखें देख, इनमें सूरज की सारी गर्मी छिपी हुई है। मेरे पर देख, जी करता है कि एक दफ़ा सारे संसार को इन पर ले उड़ूँ। आ, इन पर बैठ जा, तुझे सारी दुनिया की सैर करा लाऊँ। समन्दर दिखलाऊँ, जिसकी न थाह न छोर। पहाड़ों के सरों पर बर्फ़ के ताज दिखलाऊँ और कहे तो रेगिस्तान की तपती हुई रेत का नजारा दिखा दूँ। नहीं, तेरा जी चाहे तो इन बाज़ुओं पर बैठाकर तुझे सूरज तक ले उड़ूँ।''

मिन्नू चुपचाप सुनती रही और कुछ न बोली।

उकाब कुछ देर बाद फिर बोला—''प्यारी मिन्नू, देख तो हमारा घर कैसा अच्छा है! ऐसी जगह भला किसी को मिलती है ! जब नीचे वादी में अँधेरा घुप होता है तो हम-तुम यहाँ से सुबह की पौ फटती देखते हैं। तूफ़ान, जिससे दुनिया वाले डरते-काँपते हैं, हमारे दरवाज़े पर कैसे-कैसे गीत गाता है ! क्या तुझे उसका गाना अच्छा नहीं लगता ? वादी वाले आज़ादी का मजा क्या जानें ! वहाँ तो ग़ुलाम बसते हैं, गुलाम। नन्हे-नन्हे-से जी, हर दम खौफ़, हर दम बुझापन। किसी की हिम्मत भी है जो यहाँ आए ?''

मगर मिन्नू के चेहरे पर वही गम और खिसियानापन।

उकाब ने कहा—''आख़िर बोलती क्यों नहीं?'' वह बोली—'बोलूँ क्या? मुझे इस सारे क़िस्से से क्या मतलब ? यह रामकहानी किसी और को सुनाओ, मैं तो यह जानती हूँ बस, कि अगर यहाँ रहूँगी तो जान से जाऊँगी। तुम्हारी इस ऊँचाई पर न जीने का मज़ा न मरने का। मेरा जी नहीं लगता। मुझे यहाँ डर लगता है। चक्कर आता है। दिल धड़कता है। न यहाँ कोई है जिससे खेलूँ। न दूध की हँडिया, न गरम-गरम चूल्हा। तुम मुझे दे ही क्या सकते हो ? मुझे न रेगिस्तान दरकार है, न बर्फ़िस्तान। और तुम्हारे अथाह समन्दर के नजारे से कहीं ज़्यादा मुझे दूध की मलाई की चिकनाहट अच्छी लगती है। तुम्हारे सहारे उड़ूँ तो चक्कर खाकर गिरूँ। ख़ुद अपने पर नहीं। मुझे तो नीचे वादी में पहुँचा दो। बस, वादी में पहुँचा दो मुझे।''

उकाब को न जाने क्यों ऐसा लगा, जैसे किसी ने ताककर ठीक दिल पर तीर मारा हो। घोंसले की लकड़ियों को चोंच से दबाया और न

जाने कितने जोर से दबाया कि सब चर-चर टूट गईं। मिन्नू की तरफ देखा तो मालूम हुआ कि आँखों से शोले निकल रहे हैं या खून टपक रहा है। पर कुछ हिले और साँस में कुछ आवाज़-सी पैदा हो गई। न जाने दिल में क्या-क्या आया। मगर मुँह फेरकर उड़ गया और दूसरी चट्टान पर जाकर एक निहायत अँधेरी-सी दराज में मुँह छिपाकर बैठ गया। न दिन की ख़बर, न रात की सुध, न उड़ने की, न शिकार की। दो दिन यों ही गुज़रे। मगर पेट बुरी बला है। इसका तकाज़ा बनिए के तकाज़े से कम नहीं होता। भूख ने बेताब किया तो उठा, लेकिन उड़कर सीधा अपने घोंसले में गया। बे-कहे-सुने मिन्नू को उठाया और बस्ती में जहाँ से उसे लाया था, वहीं जाकर छोड़ दिया। मिन्नू झट पास वाले घर में घुस गई। आँगन में घूमी, बरामदे में गई। रसोईघर में ज़रा एक हाँडी चाटी और फिर उकाब की नज़र से, जो पास ही एक पेड़ पर बैठ गया था, ओझल हो गई। उकाब को बड़ा ही दुख हुआ कि मिन्नू ने एक मर्तबा भी तो मुड़कर उसकी तरफ न देखा, न रुख़्सत हुई, न दुआ, न सलाम।

कुछ ग़ुस्से में, कुछ उदास, वह पेड़ पर से उड़ा और उसी मकान का चक्कर लगा रहा था कि आवाज़ आई 'ठाँय !' और वह टूटे हुए पर लिए नीचे गिर पड़ा।

किसान दौड़ा हुआ उसके पास आया और चिल्लाया—''उकाब है, उकाब।'' इधर-उधर से बहुत-से लड़के-बाले और चार-छः किसान और जमा हो गए। गाँव में खबर हुई कि मंसा ने उकाब पकड़ा है तो उसको देखने सभी आए। मंसा ने उसके पाँव में एक मज़बूत-सा छल्ला डालकर जंजीर में इसे अटका दिया।

मिन्नू इतनी देर में रसोईघर से छत पर जा पहुँची थी। वहाँ बैठी अपना बदन चाट रही थी और कनखियों से उकाब को देखती जाती थी। जब सब लोग उकाब को देख-दाखकर चले गए तो वह पास गई और बोली—''क्यों, न कहती थी कि यह उड़ना किसी दिन रंग लाएगा ? तुम सुनते हो किसी की ? अब मज़ा चख लिया न ? अब भी समझ जाओ तो अच्छा है। मगर ख़ैर, फिक्र मत करो। मैं रोज़ मोटे-ताज़े चूहे मार लाऊँगी। तुम अपने-आप देख लोगे कि यहाँ की क़ैद में भी क्या मजा है।'' यह कहकर गई और एक मोटा-सा चूहा उसके सामने ला डाला।

मगर उकाब ने उसे छुआ भी नहीं। और उन आग-भरी आँखों से, जो सूरज तक से न लचती थीं, मिन्नू को कुछ इस तरह देखा कि वह भी घबरा-सी गई और बोली—"माफ करना, मुझे अफ़सोस है। क्या दर्द बहुत हो रहा है ?"

उकाब ने जवाब दिया—"मालूम नहीं।"

मिन्नू बोली—"ख़ुदा का शुक्र है कि तुम नहीं जा सकते और जाने का तो अब ख़याल ही छोड़ दो। मुझे तो उस चट्टान की तनहाई और ऊँचाई का ख़याल आता है तो कलेजा काँपता है। तुम्हारा बाजू ज़रा ठीक हो जाए तो मैं सब-कुछ तुम्हें ले जाकर बताऊँगी। फिर तुम ख़ुद चूहे पकड़ लिया करना और दूध, दही और मलाई देखकर तो सच कहती हूँ, तुम्हारा जी खुद यहाँ से जाने को न होगा। सर्दियों में हम-तुम दोनों इसी पास वाले कमरे में साथ-साथ छतों पर टहला करेंगे। सच कहती हूँ, यहाँ बड़ा मज़ा है। अब यहाँ से न जाना। तुम्हें मेरी क़सम है।" उकाब फिर चुप ही हो रहा।

मिन्नू को यह बात बहुत ही बुरी लगी। बिगड़कर बोली—"दिमाग़ अभी आसमान पर है। यहाँ भी रुआब जमाना चाहते हो ! हम तो खुशामद किए जाते हैं और आप हैं कि मिजाज ही नहीं मिलता। हाँ, उन चट्टानों में रहकर किसी को कहीं तहजीब आई है ! बस, माफ़ कीजिए। बहुत दिन तक आपके साथ मुसीबत झेली। ख़ुदा हाफ़िज !" यह कह मिन्नू वहाँ से चल दी और फिर इधर का रुख़ न किया।

जिस दिन उकाब को गोली लगी है, उस दिन से पानी की ऐसी झड़ी लगी कि सातवें दिन जाकर खुली। वह हफ़्ता-भर उसी ज़ंजीर में बँधा बैठा रहा। न खाना, न पीना। धूप जो निकली तो दिन-भर उसमें बदन सेंका। शाम क़रीब आई और डूबते हुए सूरज की रोशनी से पहाड़ की चोटियाँ आग की तरह दमकने लगीं तो उसके दिल की कुछ अजीब हालत हुई। पहाड़ से किसी ने अपनी तरफ़ उसे खींचना शुरू किया। उसने पर फैलाए तो वह सीधा बाजू, जिसमें गोली लगी थी, पूरा खुल गया; ज़ख़्म भर चुका था। उसे पहले तो यक़ीन न आया। फिर बाजू फैलाकर देखा। एक बार, दो बार, तीन बार। जब यक़ीन हो गया कि ठीक है तो कुछ न पूछो कि उसके दिल की क्या हालत हुई। एक चीख़ मारी

इस जोर से कि मिन्नू रसोईघर में सहम-सी गई। एक झटका दिया ऐसा कि ज़ंजीर अलग टूटकर गिरी। पैर से ख़ून की कुछ बूँदें ज़मीन पर गिरीं और वह निहायत शाहाना अन्दाज से उड़ा—यह जा, वह जा। आन की आन में इतना ऊँचा पहुँचा कि शाम के धुँधलके में दिखाई भी मुश्किल से देता। बहुत ऊपर पहुँचकर पहाड़ की सबसे ऊँची चोटी पर जा बैठा। आँखें जल रही थीं। साँस फूली हुई थी। नीचे वादी थी—मिन्नू का घर और इनसानों की बस्ती। उसने नीचे देखा, कुछ हिकारत से। फिर एक ठंडी साँस भरकर ऊपर नजर की। पहाड़ियों की चोटियों पर अब भी आग-सी लगी हुई मालूम होती थी। धीरे-धीरे अँधेरा हो गया और थोड़ी देर में पहाड़ और जंगल और हवाएँ सब सो गईं। सारे संसार पर ख़ामोशी छा गई। उकाब भी चुपचाप सन्नाटे में बैठा था कि एकाएक एक अजीब दर्द-भरी आवाज़ सुनाई दी। यह आवाज .ख़ुद उसी के सीने से निकली थी। इसके बाद फिर सन्नाटा हो गया। अँधियारी सारे आसमान पर छा गई और इस अँधियारी में सितारों के सफ़ेद-सफ़ेद चेहरे चम-चम करने लगे। हर एक अपनी-अपनी बँधी हुई राह पर चुपचाप चल रहा था। न चीख़ न पुकार, न किसी से झगड़ा न टंटा। अपने काम से काम, हर एक का अपना-अपना धर्म और अपनी-अपनी तकदीर। ठंडी हवा से उसकी आँखों में जो ज़रा-सी ठंडक-सी पैदा हो गई थी तो उसने उन्हें बंद कर लिया। और न जाने कितनी देर यों ही बैठा रहा और क्या-क्या ख़याल उसके दिमाग में गुज़रते रहे, जैसे कोई सपना देखता हो। फिर आँख खोली तो बोला—''खुदा का शुक्र है। फिर आ पहुँचा अपने वतन में, फिर पा लिया अपना देश, तू अकेला ही रहने को बना है। बस, अकेला ही रह। तेरे साथी अगर हैं तो यही सितारे और यही चट्टानें। यही चाँद, यही सूरज, जो अपना-अपना काम करते हैं और किसी और के काम में दख़ल नहीं देते।''

उसी से ठंडा उसी से गरम

एक लकड़हारा था। जंगल में जाकर रोज़ लकड़ियाँ काटता और शहर में जाकर शाम को बेच देता था। एक दिन इस ख़याल से कि आस-पास से तो सब लकड़हारे लकड़ी काट ले जाते हैं, सूखी लकड़ी आसानी से मिलती नहीं, वह दूर जंगल के अंदर चला गया। सरदी का मौसम था। कटकटी का जाड़ा पड़ रहा था। हाथ-पाँव ठिठुरे जाते थे। उसकी उँगलियाँ बिलकुल सुन्न हुई जाती थीं। वह थोड़ी-थोड़ी देर बाद कुल्हाड़ी रख देता और दोनों हाथ मुँह के पास ले जाकर खूब ज़ोर से उनमें फूँक मारता कि गरम हो जाएँ।

जंगल में न मालूम किस-किस तरह के जीव रहते हैं। सुना है, उनमें छोटे-छोटे बालिश्त-भर के आदमी भी होते हैं। उनकी दाढ़ी-मूँछ सब-कुछ होती है। मगर होते हैं बस खूँटी ही-से। हम-तुम जैसा कोई आदमी इनकी बस्ती में चला जाए तो उसे बड़ी हैरत से देखते हैं कि देखें, यह करता क्या है ! लेकिन ये हम लोगों से ज़रा अच्छे होते हैं कि इनके लड़के किसी परदेसी को सताते नहीं, न उन पर तालियाँ बजाते हैं, न पत्थर फेंकते हैं। .खुद हमारे यहाँ भी अच्छे बच्चे ऐसा नहीं करते, लेकिन उनके यहाँ तो सभी अच्छे होते हैं।

ख़ैर ! लकड़हारा जंगल में लकड़ियाँ काट रहा था, तो एक मियाँ बालिश्तिये भी कहीं बैठे उसे देख रहे थे। मियाँ बालिश्तिये ने जो देखा कि वह बार-बार हाथ में कुछ फूँकता है, तो सोचने लगे कि यह क्या बात है। देर तक अपनी बताशा-सी ठोड़ी अपने नन्हे-से हाथ पर धरे बैठे रहे। मगर कुछ समझ में न आया तो वह अपनी जगह से उठे और कुछ दूर चलकर

फिर लौट आए कि न मालूम कहीं पूछने से यह आदमी बुरा न माने। मगर फिर न रहा गया। आख़िर को ठुम्मक-ठुम्मक लकड़हारे के पास गए और कहा—"सलाम भाई, बुरा न मानो तो एक बात पूछें ?"

लकड़हारे को यह ज़रा-सा अँगूठे बराबर आदमी देखकर ताज्जुब भी हुआ, हँसी भी आई। मगर उसने हँसी को रोककर कहा—

"हाँ-हाँ, भई, ज़रूर पूछो।"

"बस, यह पूछता हूँ कि तुम मुँह से हाथ में फूँक-सी क्यों मारते हो ?"

लकड़हारे ने जवाब दिया—"सरदी बहुत है। हाथ ठिठुरे जाते हैं। मैं मुँह से फूँककर उन्हें ज़रा गरमा लेता हूँ; फिर ठिठुरने लगते हैं, फिर फूँक लेता हूँ।"

मियाँ बालिश्तिये ने अपना सुपारी-जैसा सिर हिलाया और कहा—"अच्छा-अच्छा, यह बात है !" यह कहकर बालिश्तिये मियाँ वहाँ से खिसक गये, मगर रहे आस-पास ही और कहीं से बैठे बराबर देखा किए कि लकड़हारा और क्या करता है।

दोपहर का वक़्त आया। लकड़हारे को खाना पकाने की फ़िक्र हुई। इधर-उधर से दो पत्थर उठाकर चूल्हा बनाया। उसके पास छोटी-सी हाँडी थी। आग सुलगाकर उसे चूल्हे पर रखा और उसमें आलू उबलने के लिए रख दिये। गीली लकड़ी थी इसलिए आग बार-बार ठंडी हो जाती तो लकड़हारा मुँह से फूँककर तेज़ कर देता था।

'अरे,' बालिश्तिये ने दूर से देखकर अपने जी में कहा, "अब यह फिर फूँकता है! क्या इसके मुँह से आग निकलती है ?" मगर चुपचाप बैठा देखता गया। लकड़हारे को भूख ज़्यादा लगी थी, इसलिए चढ़ी हुई हाँडी में से एक आलू, जो अभी पूरे तौर पर उबला भी न था, निकाल लिया। उसे खाना चाहा तो वह ऐसा गरम था जैसे आग। उसने मुश्किल से इसे अपनी एक उँगली और अँगूठे से दबाकर तोड़ा और मुँह से 'फू-फू' करके फूँकने लगा।

'अरे,' बालिश्तिये ने फिर जी में कहा—"यह फिर फूँकता है ! अब क्या इस आलू को फूँककर जलाएगा ?" लेकिन आलू जला-जलाया कुछ नहीं। वह तो थोड़ी देर 'फू-फू' करके लकड़हारे ने उसे अपने मुँह में रख

लिया और ग़पग़प खाने लगा। अब तो इस बालिश्तिये की हैरानी का हाल न पूछो। उससे फिर न रहा गया और ठुम्मक-ठुम्मक फिर लकड़हारे के पास आया और कहा—''सलाम भाई, बुरा न मानो तो एक बात पूछें?''

लकड़हारे ने कहा—''बुरा क्यों मानूँगा ? पूछो।''

बालिश्तिये ने कहा—''तुमने सुबह मुझसे कहा था कि मुँह से फूँककर अपने हाथों को गरमाता हूँ। अब इस आलू को क्यों फूँकते थे ? यह तो खुद बहुत गरम था, इसे और गरमाने से क्या फ़ायदा ?''

''नहीं मियाँ टिल्लू। यह आलू बहुत गरम है। मैं उसे मुँह से फूँक-फूँककर ठंडा कर रहा हूँ।''

बात तो कुछ ऐसी न थी, मगर यह सुनकर मियाँ बालिश्तिये का मुँह पीला पड़ गया। डर के मारे कप-कप काँपने लगे। बराबर पीछे हटते जाते थे। लकड़हारे से डरकर कुछ सहम-से गए थे। ज़रा-सा आदमी यों ही देखकर हँसी आए। लेकिन इस थर-थर, कप-कप की हालत में देखकर तो हर किसी को हँसी भी आए, रंज भी हो। लकड़हारे को भी हँसी आई, लेकिन वह भलामानस था। उसने आखिर पूछा—''क्यों मियाँ, क्या हुआ ? क्या जाड़ा बहुत लग रहा है ?''

मगर मियाँ बालिश्तिये थे कि बराबर पीछे ही हटते चले गए। और जब काफ़ी दूर हो गए तो बोले—''यह न जाने क्या बला है ! कोई भूत है या जिन्न है ! 'उसी से ठंडा उसी से गरम'—हमारी अक़्ल में यह बात नहीं आती।''

और सच है, यह बात इन मियाँ बालिश्तिये की नन्ही-सी खोपड़ी में आने की थी भी नहीं।

छिद्दू

एक छोटा-सा लड़का था। उसका नाम था छिद्दू। इस लड़के की यह आदत थी कि जब किसी को कोई काम करते देखता तो झट कहता—“मैं भी यही करूँगा, मैं भी।” बस, दिन-भर यही ‘मैं भी, मैं भी’ करता रहता था। कभी खिड़की में से देखता कि कोई घोड़े पर सवार सड़क पर जा रहा है तो कहता—“मैं भी सवार हूँगा।” बाग़ में खेलने जाता और झाड़ी में से कोई चिड़िया फुर्र से उड़ती, तो वह कहता—“मैं भी उड़ूँगा।” उसके घर से कुछ दूर एक तालाब था। उसके किनारे खेलने जाया करता और नन्ही-नन्ही मछलियों को पानी में तैरते देखता तो कहता—“मैं भी तैरूँगा।”

एक दिन ऐसा हुआ कि उसके माँ-बाप कहीं बाहर गए, बहन किसी काम से खेत पर गई थी। वह घर में बिलकुल अकेला था। एक कोने में उसके बाप का चाबुक रखा था। उसे इसने उठा लिया और दरवाज़े पर जाकर सड़ासड़ एक पत्थर पर चलाना शुरू किया और कहना शुरू किया—“चल-चल, नहीं तो मारते-मारते मार डालूँगा।” मालूम नहीं क्या बात हुई कि थोड़ी देर में एक दूध-सा सफ़ेद घोड़ा उसके सामने आकर खड़ा हो गया। शायद यह बात हुई कि पत्थर ने अल्लाह मियाँ से दुआ की—“यह लड़का मुझे बेकार मारता है। मैं कैसे चलूँ? चल सकता तो इसे कहीं ले जाता।” अल्लाह मियाँ ने उसकी सुन ली और छिद्दू के लिए यह घोड़ा भेज दिया। घोड़े पर एक सुनहरा ख़ूबसूरत ज़ीन कसा हुआ था। घोड़ा कुछ देर तो गर्दन झुकाए खड़ा रहा, फिर अपने दोनों अगले पाँव मोड़कर घुटनों के बल झुक गया और छिद्दू से कहा—“आओ, बैठ जाओ।” फिर क्या पूछना था ! छिद्दू तो मारे ख़ुशी के फूला न समाता

था। झट कूदकर सुनहरे ज़ीन पर बैठ गया और लगा चिल्लाने—"ओ हो, हो हो ! मैं तो घोड़े पर सवार हो गया ! मैं तो घोड़े पर सवार हो गया !"

बाहर खेत की मेड़ पर छिद्दू की बहन मुन्नी बैठी थी। उसने भाई को घोड़े पर सवार देखा तो चिल्ला उठी—"अरे छिद्दू, छिद्दू, किधर चला घोड़े पर ?"

छिद्दू बोला—"हम तो दुनिया देखने जाते हैं। आ, तू भी आती है तो आ। देख यह है। पीछे बैठ जाना। आती है ?"

मुन्नी ने कहा—"नहीं भैया, मैं तो अब्बा-अम्माँ के पास ही रहूँगी।"

"अच्छा तो तेरी खुशी। मैं तो जाता हूँ।" छिद्दू ने जवाब दिया और ज़ोर से घोड़े के एक चाबुक रसीद किया और घोड़ा ऐसा उड़ा जैसे हवा जाती है।

पहले तो एक बड़ा-सा मैदान पड़ा। उस पर घोड़ा सरपट दौड़ता हुआ निकल गया। फिर एक बहुत ऊँचे पहाड़ पर चढ़ा और दूसरी तरफ़ से उतरकर एक घने जंगल में पहुँचा। जंगल ख़त्म हुआ तो हरे-हरे खेत आए। हर तरफ़ खेती लहलहा रही थी और लाल और नीले फूल खिले हुए थे। खेतों से निकले तो फिर एक जंगल आया। लेकिन अजीब तरह का जंगल था। इसके पेड़ सब बहुत छोटे-छोटे थे और ऐसे घने कि इसमें से गुज़रना मुश्किल था। मगर इस घोड़े के सामने सब-कुछ आसान था। उसे भी तै कर लिया। फिर एक रेत की दीवार आई। घोड़ा इस पर भी चढ़ा, मगर पाँव धँस-धँस जाते थे। इसलिए तेजी ज़रा कम हो गई। रेत की दीवार ख़ूब चौड़ी थी। ऊपर पहुँचे तो देखा कि नीचे समन्दर लहरें मार रहा है। जहाँ तक नज़र जाती थी—पानी-ही-पानी था, सब नीला-ही-नीला।

घोड़े ने कहा—"अब मुझसे नहीं चला जाता। मैं आगे नहीं जा सकता। बस, अब उतरो, मियाँ छिद्दू !"

छिद्दू ने कहा—"वाह, मैं तो और आगे चलूँगा, और आगे, और आगे।"

घोड़े ने कहा—"उतरते हो तो उतरो, नहीं तो..."

इतना कहना था कि छिद्दू ने ज़ोर से चाबुक मारा और कहा—"नहीं तो..."

घोड़ा इस ज़ोर से उछला और ऐसी दुलत्ती मारी कि मियाँ छिद्दू धड़ाम से आगे आन पड़े और रेत की दीवार पर से ऐसा लुढ़के कि सीधे समन्दर में जा पहुँचे।

समन्दर में गिरकर वह डुबकियाँ खाने लगा। एक लाल सुनहरी मछली जल्दी-जल्दी तैरकर आई और उसकी टाँगों के बीच में आकर ठहर गई। छिद्दू को ज़रा सहारा मिला तो उसने अपना बदन ऊपर को उठाया और कहा—"अहा, मैं तो फिर सवारी करूँगा।"

मछली बोली—"नहीं मियाँ, सवारी नहीं करोगे, तैरोगे।"

"आ हा हा हा, तैरूँगा। यह तो और भी अच्छा है।"

अब उस मछली के सहारे छिद्दू मियाँ ने सारे समन्दर में तैरना शुरू किया। चारों तरफ़ से नन्ही-नन्ही चमकती हुई मछलियाँ आ-आकर जमा होने लगीं। छिद्दू को तैरता देखकर उन्होंने खूब हँसना और नाचना शुरू किया। इधर से दरियाई चिड़ियों ने एक-दूसरे से चिल्ला-चिल्लाकर कहना शुरू किया—"अरे देखो तो ! ज़रा देखो तो ! छिद्दू किस मज़े से तैर रहा है !"

तैरते-तैरते जब दूर निकल गए तो एक जहाज़ मिला। जहाज़ पर छिद्दू का बाप था। चारों तरफ़ छिद्दू को देखता और हर एक से पूछता था—"भाई, तुम्हें तो नहीं दिखाई दिया—हमारा छिद्दू।"

छिद्दू ने जो बाप की आवाज़ सुनी तो चुपके से मछली से कहा—"अरे ग़ोता लगा, जल्दी से ग़ोता, नहीं तो वह देख लेंगे।"

मछली ने ऐसा गहरा ग़ोता लिया कि समन्दर की तह तक जा पहुँची। वहाँ तरह-तरह की सीपियाँ थीं, रंग-रंग के घोंघे थे और ऐसे-ऐसे दरख़्त कि छिद्दू ने कभी देखे भी न थे। छिद्दू ने जो आँखें फाड़-फाड़कर देखना शुरू किया तो आँखों में पानी भर गया और वह लगा चीखने—"बस-बस, अब ऊपर चल, ऊपर। मेरा दम घुटता है।"

मछली ऊपर निकली और छिद्दू ने पानी से सिर निकाला ही था कि एक बड़ा-सा परिंदा ऊपर से आया—कुछ काला, कुछ सफ़ेद और छिद्दू को चोंच में उठा लिया और अपने पर ख़ूब फैलाकर उसे हवा में उछाला और अपनी पीठ पर बैठा लिया।

छिद्दू चिल्लाया—"ओ हो हो हो ! अब तो मेरे पर हो गए। मैं तो उड़ूँगा, मैं तो उड़ूँगा !"

यह परिंदा ऊँचा उड़ा ही चला गया। रुकने का नाम ही न लेता था। उधर सूरज बराबर नीचा ही होता जाता था और आख़िर को बिलकुल ग़ायब ही हो गया। छिद्दू के क़रीब से एक औरत गुज़री, जो बड़े-बड़े निहायत ढीले, बिलकुल काले कपड़े पहने हुए थी। यह रात थी और ऊपर से ज़मीन को जा रही थी, लेकिन परिंदा और छिद्दू थे कि ऊपर ही चले जाते थे और उड़ते-उड़ते चाँद और तारों की बस्ती में पहुँच गए। नन्हे-नन्हे चमकते हुए तारों ने कहा–"मियाँ छिद्दू, सलाम ! कहाँ से आते हो ? अब तो बहुत देर हो गई है। तुम्हारे तो सोने का वक़्त है।"

मगर छिद्दू ने कहा–"मैं नहीं सोने का। मैं तो उड़ूँगा। ऊपर चले ही जाऊँगा, ऊपर। मैं तो आसमान के अन्दर जाऊँगा और देखूँगा कि यह सूरज दूसरी तरफ़ से कैसे निकलता है।"

सितारे ख़ूब खिलखिलाकर हँसे। ऐसे कि आँखें बन्द हो गईं और नीचे से देखनेवालों को मालूम हुआ कि यह झिल-मिल, झिल-मिल कर रहे हैं। और परिन्दे ने कहा–"तुम तो आसमान में जाना चाहते हो। वहाँ तो मैं भी नहीं जा सकता। तुम्हें ऐसे ही जाना हो तो बादलों के साथ जाओ। मैं अब आगे नहीं जाता।"

"अच्छा, तो मैं बादलों के साथ जाऊँगा। चलो, मुझे बादलों के पास पहुँचा दो। बस, चलो जल्दी। चलो, चलो।"

परिन्दे ने अपना रुख़ मोड़ा और सीधे हाथ की तरफ़ से कुछ बादल आ रहे थे, उनकी तरफ़ चला। इसे देखकर एक काला-काला बादल भी इसकी तरफ़ लपका और करीब आकर छिद्दू को गोद में ले लिया। उसकी गोद बड़ी ठंडी-ठंडी थी और ऐसी नरम जैसे हलवा। बादल छिद्दू को गोद में लेकर जो चला तो छिद्दू को ऐसा लगा कि जैसे उसके गालों पर दो बूँदें गिरीं–दो बड़ी-बड़ी, गरम-गरम बूँदें।

छिद्दू कुछ उदास-सा हो गया और कहने लगा–"यह तो ऐसे मालूम होते हैं जैसे मेरी माँ के आँसू हों।"

बादल ने बताया–"हाँ बेटा ! यह तेरी माँ के आँसू हैं। वह तुझे ढूँढ़ते-ढूँढ़ते थक गयी थी और एक जगह बैठी रो रही थी कि मैं पास से गुज़रा तो मैं यह दो आँसू साथ लेता आया। अब उदास मत हो। इन्हें पोंछ डालो। हम बस आसमान पर पहुँचते ही हैं। मुँह-हाथ ख़ूब साफ़ हो

जाने चाहिएँ। वहाँ फ़रिश्तों का पहरा है। गन्दे आदमी को अन्दर नहीं जाने देते।"

ये बातें सुनकर छिद्‌दू ने रोना शुरू किया और इतना रोया, इतना रोया कि हिचकी बँध गई। वह बादल से सिसक-सिसककर कहने लगा—"नहीं, मैं अब आसमान में नहीं जाऊँगा। मैं सूरज को भी नहीं देखूँगा। मुझे अब कुछ दरकार नहीं। मुझे तो घर ले चलो। मैं अपनी अम्माँ के पास जाऊँगा, बस।"

छिद्‌दू ने यह कहा ही था कि बादल बड़ी तेज़ी से नीचे को चला। सब देखते-के-देखते ही रह गए। यह जा, वह जा और एक जगह ख़ूब नीचे पहुँचकर बादल ने छिद्‌दू को गोद से नीचे डाल दिया। वह धम् से एक चमेली के पेड़ के पास गिरा। उसने जो आँख खोली तो देखा कि माँ दोनों हाथों से चमेली की शाखें हटा रही है। ख़ुशी से बाछें खिली हुई हैं। और चिल्ला रही है—"अरे लोगो, देखो, मेरा छिद्‌दू यह है, मेरा छिद्‌दू यह है!"

इसी वक़्त सूरज भी ऊपर से निकला और चमेली की टहनियों में से झाँककर उसने छिद्‌दू का मुँह देखा और कुछ इस तरह मुस्कुराया कि उसका सारा चौड़ा-चकला चेहरा इस मुस्कुराहट से दमकने लगा।

जुलाहा और बनिया

मुर्शिदाबाद से दो-ढाई कोस पर एक गाँव है, चिलसरिया। इस गाँव का एक क़िस्सा तुम्हें सुनाएँ। कई साल की बात है, यहाँ एक जुलाहा रहता था। उसे सब लोग 'भाई मसीता, भाई मसीता' कहकर पुकारते थे। भाई मसीता बड़े अच्छे आदमी थे, कभी झूठ नहीं बोलते थे, किसी को सताते न थे, मस्जिद में जाकर पाँचों वक़्त नमाज़ पढ़ते और फिर आकर अपने करघे पर बैठ जाते। बस, अपने काम से काम था। किसी के अच्छे-बुरे में न पड़ते थे। वैसे तो उनकी दाढ़ी कुछ अजीब तरह की कुच्ची थी कि और किसी के हो तो लोग उस पर हँसते, मगर भाई मसीता ऐसे नेक आदमी थे कि कोई उनकी कुच्ची दाढ़ी का ख़याल भी न करता था। मसीता दिन-भर करघे पर इसलिए बैठे रहते थे कि उनके पास कुछ बहुत-सी पूँजी तो थी नहीं और बच्चे थे कि हुए ही चले जाते थे। उनकी शादी को कोई बीस बरस हुए थे और अब उनके दस बच्चे तो जीते थे और तीन मर चुके थे। जो जीते थे वे भी बीमार रहते थे। किसी की आँखें दुखती थीं, किसी के गले आ गए थे, एक को सूखा हो गया था। यानी बेचारे भाई मसीता इन्हीं बच्चों के लिए कमाते थे और दिन-भर काम में लगे रहते थे। पहले वह विलायती सूत ख़रीदकर बुना करते थे, लेकिन एक दफ़ा चिलसरिया में एक मौलवी साहब आए, उन्होंने बताया कि विलायती सूत ख़रीदना बुरी बात है। तब से भाई मसीता ने वहीं गाँव का कता हुआ सूत लेकर बुनना शुरू किया। उनकी बीवी भी चर्खा कातने लगी। लेकिन बेचारी

को ज़्यादा वक़्त न मिलता था। हर वक़्त बच्चे चें-चें करते रहते थे। भाई मसीता जब खद्दर के कई थान बुन लेते तो मंगल को बाज़ार के दिन जाकर मुर्शिदाबाद में बेच आते।

एक दिन का जिक्र है कि भाई मसीता खद्दर के बहुत-से थान लेकर मुर्शिदाबाद बेचने गए। इत्तफ़ाक़ की बात दिन-भर कोई ग्राहक ही न मिला। एक दुकानदार के पास ले गए तो उसने इतने कम दाम लगाए कि भाई मसीता की लागत भी न निकलती थी, मजबूर होकर उन्होंने अपने थान उठा लिए और बाज़ार से चले। रास्ते ही में अज़ान हो गई तो उन्होंने मस्जिद में जाकर नमाज़ पढ़ी और जी से दुआ माँगी—'या अल्लाह, रहम कर, रहम कर मेरे मौला, तू तो सबको रोटी देता है। मेरे बच्चे भूखे मर जाएँगे। किसी आदमी के आगे हाथ नहीं फैलाना चाहता। तुझसे माँगता हूँ। रहम कर मौला, रहम !'

नमाज़ खत्म कर वह चिलसरिया की ओर चले। जब मुर्शिदाबाद की सरहद पर पहुँचे तो अँधेरा हो चला था। सरहद पर एक बड़ा-सा पत्थर गड़ा है। भाई मसीता कुछ थक गए थे, उन्होंने चाहा कि उस पत्थर पर अपनी गठरी रख दें और ज़रा सुस्ता लें। पत्थर के क़रीब जो पहुँचे तो क्या देखते हैं कि उस पर एक ढेर-सा रखा है और अँधेरे में भी कुछ चम-चम होता है। पत्थर के नीचे एक बहुत अच्छी शक्ल-सूरत का जवान बैठा है। ज़रा ग़ौर से देखा तो वह ढेर तो सोने की अशर्फियों का था। उनका जी ललचाया कि इसमें से कुछ ले लूँ, मगर आदमी ईमानदार थे और फिर पास वह जवान बैठा था। समझे कि शायद अशर्फ़ियाँ इसी की होंगी, इसलिए पत्थर के पास न गए और कुछ हटकर ज़मीन पर बैठ गए, लेकिन जी में उनके यही धुक-पुक, धुक-पुक कि किसी तरह कुछ मुझे भी इसमें से मिल जाए तो बच्चों का काम बन जाए।

नौजवान थोड़ी देर तक तो चुप रहा मगर फिर मुस्कुराया और बोला—"भाई मसीता, देखते क्या हो, इस ढेर में से जितनी चाहो अशर्फ़ियाँ ले लो।"

भाई मसीता कुछ ख़ुश हुए, कुछ डरे, कि यह कौन है जो मेरा नाम भी जानता है। मगर अशर्फ़ियाँ लेने बढ़ ही गए। गठरी का कपड़ा तो बहुत

छोटा था और उसमें थान ही मुश्किल से बँधे थे। भाई मसीता ने अपने खद्दर के कुरते के दामन में जितनी अशर्फ़ियाँ आ सकती थीं, रखीं। फिर ख़याल आया कि टोपी में भी भर लूँ। मगर टोपी वही एक पुरानी विलायती मलमल की दुपल्ली थी। अभी खद्दर की टोपी सिली न थी। उसमें जो अशर्फ़ियाँ भरीं तो उसका गला हुआ कपड़ा जगह-जगह मसक गया, टोपी फट गई और सारी-की-सारी अशर्फ़ियाँ छन-छनकर ज़मीन पर गिर पड़ीं। ख़ैर, दामन में जितनी आईं वे लेकर उन्होंने चिलसरिया का रुख़ किया।

गाँव में जो वे पहुँचे तो इधर-उधर ताकते जाते थे कि कोई देख तो नहीं रहा है। सबकी आँखें बचाकर घर पहुँचे और बी जुलाहिन को अलग बुलाकर कहा—"यह लो और जल्दी से किसी मटकी में छिपाकर रख दो।"

बीवी ने जो अशर्फ़ियों का ढेर देखा तो आँखें खुली की खुली रह गईं। झट से जाकर मटकी लाई। लेकिन बार-बार पूछती जाती थी कि "यह कहाँ से मिलीं ? क्या कहीं चोरी की है ? अरे .ख़ुदा से डरो ! यह क्या किया ? सब पकड़े जाएँगे।" और न मालूम क्या-क्या !

बीवी ने जब बहुत कान खाए तो भाई मसीता घर से बाहर निकल आए। इतने में रात की अज़ान की आवाज़ आई। भाई मसीता सीधे मस्जिद चले गए और नमाज़ पढ़कर कई मिनट तक सिजदे में पड़े रहे—'या अल्लाह, तेरा लाख-लाख शुक्र है, तूने मेरे बच्चों पर रहम किया। अब तूने उनकी रोज़ी का सामान किया है तो उन्हें नेक भी बना। और अपनी राह में काम में लाना।' सिजदे में भाई मसीता के आँसू भी निकल आए।

रुपया तो अजीब चीज़ है, थोड़े ही दिन में भाई मसीता के घर का छप्पर भी नया हो गया। कपड़े भी सब बच्चों के बन गए। बीवी के लिए भी बारीक-बारीक खद्दर आ गई। लेकिन बीवी ने बहुत कहा कि हमें विदेशी मखमल ला दो। मगर भाई मसीता ने एक भी कपड़ा दूसरे देश का न ख़रीदा। होते-होते उनकी दौलत की ख़बर सारे गाँव में फैल गई, और यह भी सुन-गुन लग गई कि यह दौलत कैसे आई और कहाँ से आई। अच्छे लोग कहते थे कि देखी .ख़ुदा की क़ुदरत ! उसने इस आदमी को नेकी का फल दिया। बुरे जलते थे, सामने मसीता को अच्छा कहते और पीठ-पीछे बुराइयाँ करते।

इसी चिलसरिया में एक बनिया भी रहता था। उसका नाम था बनारसी। उसके पास बहुत रुपया था। बीवी महामारी के बुख़ार में मर गई थी और उसके एक छोटी-सी लड़की थी। इसके लिए उसके पास बहुत-कुछ माल था। लेकिन उसका जी रुपए से कभी न भरता था। ग़रीब किसानों को सूद पर रुपए देता और उनके खेत ख़रीद लेता। फ़सल पर अपने कर्ज़दार किसानों से बहुत सस्ता अनाज ख़रीदता और बाद को महँगा बेचा करता। कुछ दिनों से विलायती कपड़ों की एक दुकान भी खोली थी और किसानों को उधार कपड़ा भी देता था और अपने खाते में जो दाम चाहता था, लिख लेता था। उसने जो सुना कि मुर्शिदाबाद की सरहद पर भाई मसीता को राह चलते अशर्फ़ियों का ढेर मिल गया था तो उसने भी सोचना शुरू किया–'चलो, हम भी चलें, शायद कुछ हमें भी मिल जाए।' मगर मियाँ बनारसी ज़रा डरपोक थे। दिन मुँदे घर से निकलते डरते थे। महीनों इरादा ही करते रहे कि आज जाऊँ, कल जाऊँ। आख़िर एक दिन जी कड़ा करके चल ही खड़े हुए। अँधेरा होते-होते मुर्शिदाबाद की सरहद पर पहुँचे। अभी उस पत्थर से बीस-तीस क़दम पर थे कि उन्हें दिखाई दिया कि पत्थर पर अशर्फ़ियों का एक ढेर रखा है। मगर पास ही डरावनी शक्ल का एक बुड्‌ढा बैठा था। बनारसीदास को उससे डर तो बहुत लगा, मगर अशर्फ़ियों का लालच, बेचारे काँपते जाते थे, हाँफते जाते थे मगर क़दम आगे ही बढ़ा जाता था। जब दो-चार क़दम रह गए तो वह बुड्‌ढा भी वहाँ से ग़ायब हो गया। बनारसीदास ने कहा कि यह अच्छा हुआ, अब तो जी खोलकर अशर्फ़ियाँ लूँगा। अशर्फ़ियाँ भरने को मियाँ बनारसीदास अपने साथ एक बोरा भी लेते आए थे। पत्थर के पास पहुँचकर उन्होंने झट से दोनों हाथ अशर्फ़ियों के ढेर पर मारे। हाथों का अशर्फ़ियों पर पड़ना था कि मालूम हुआ, किसी ने पकड़ लिए। अब वह लाख खींचते हैं, मगर हाथ वहाँ से नहीं हटते। थोड़ी देर में वे अशर्फ़ियाँ गरम होने लगीं। उसके हाथ जलने लगे। वह चिल्लाया, रोया-पीटा, मगर वहाँ कौन था जो सुने! कुछ देर में सब अशर्फ़ियाँ मारे गरमी के पिघल गईं और उसके हाथ इसी गले हुए सोने में पड़े

रहे। चिल्लाते-चिल्लाते आख़िर को बेचारा बनारसी मर गया।

सुबह जो इधर से मज़दूर और किसान गुज़रे तो उन्होंने देखा कि बेचारा बनारसी मरा पड़ा है। दोनों हाथ जले हुए हैं और पास अशर्फ़ियों की शक्ल के गोल-गोल पत्थरों का एक ढेर पड़ा है।

आख़िरी क़दम

आओ, आज तुम्हें एक बहुत अच्छे आदमी का हाल सुनाएँ, जिसे उसके जीते-जी बहुतेरे लोग बुरा-बुरा कहते थे और मरने के बाद भी उसकी नेकी का हाल बस वही जानते हैं, जिनके साथ उसने भलाई की थी। और शायद बाज़े तो इनमें से भी भूल गए होंगे।

इस नेक आदमी के पास बड़ी दौलत थी। मगर वह उन लोगों में था, जो अपनी धन-दौलत को अपना नहीं समझते बल्कि अल्लाह मियाँ की अमानत जानते हैं। जो बस इसलिए उनके सुपुर्द की जाती है कि इसे उसके बन्दों पर ख़र्च करें। खुद उनका मेहनताना यह होता है कि इसमें से वह भी बस मोटा-झोटा पहन लें और दाल-दलिया खाकर गुज़र कर लें।

हाँ, तो वह नेक आदमी भी अपनी दौलत से खुद बहुत कम फ़ायदा उठाता था। एक साफ़-से, मगर बहुत छोटे मकान में रहता था। गज़ी-गाढ़े के बहुत मामूली कपड़े पहनता था। और खाने का क्या बताऊँ, कभी चने चाब लिए, कभी मक्का की खीलें खा लीं। एक वक़्त हँडिया चढ़ी तो तीन वक़्त के खाने का इंतज़ाम हो गया। दोस्त-अहबाब, जिन्हें उसके हाल की ख़बर थी, तरह-तरह से उसे खेल-तमाशों में, रँगरलियों में, घसीटना चाहते थे। मगर वह कुछ-न-कुछ बहाना करके टाल देता था। आख़िर को सबमें बड़ा कंजूस मशहूर हो गय। उसके दोस्त उसे 'मियाँ मक्खीचूस' कहा करते थे। बाज़े दोस्त उसकी दौलत की वजह से जलते भी थे। वे उसे और भी छेड़ते और बदनाम करते थे। मगर वह धुन का पक्का था। बराबर छिप-छिपकर चुपचुपाते अपनी दौलत से किसी-न-किसी ज़रूरतमंद

की मदद करता ही रहता था। और इस तरह कि सीधे हाथ से देता तो उल्टे हाथ को ख़बर न होती और ज़बान पर ज़िक्र आने का तो सवाल ही क्या!

न जाने कितनी बेवाएँ उसके रुपए से पलती थीं! कितने ही अनाथ उसकी मदद से पढ़-पढ़कर अच्छे-अच्छे कामों में लग गए थे। कितने मदरसे उसके दान से चल रहे थे। कितने क़ौमी काम करनेवालों को उसने रोटी-कपड़े से बेफ़िक्र कर दिया था। और वे पूरी लगन से अपनी-अपनी धुन में लगे हुए थे। कई अस्पतालों में दवा का सारा ख़र्च उसने अपने सिर ले लिया था और हज़ारों दुखी बीमारों को बेजाने उसके रुपए से रोज़ आराम पहुँचता था। लेकिन वह मशहूर था, वही—'कंजूस, मक्खीचूस, दुनिया का कुत्ता, न अपने काम आए न किसी और के।' कोई उस पर हँसता था, कोई ख़फ़ा होता था। मगर फिर सब्र कर लेता था।

उसके पास एक ख़ूबसूरत-सी किताब थी। चिकना-चिकना मोटा काग़ज़। नीले कपड़े की सुन्दर-सी जिल्द। पुश्ते पर सुनहरे हरफ़ों में लिखा हुआ—'हिसाब अमानत'। इस किताब में वह अपना पैसे-पैसे का हिसाब लिखा करता था। जिसको कभी कुछ दिया था, सब इसमें दर्ज था। कहीं-कहीं क़ैफ़ियत के खाने में बड़ी दिलचस्प बातें लिखी थीं। ये सब बाद को लिखी गई थीं। किसी अनाथ को पढ़ने के लिए वज़ीफ़ा दिया है। पन्द्रह साल बाद की तारीख देकर क़ैफ़ियत के ख़ाने में दर्ज है—'अब अहमदाबाद में डॉक्टर हैं और वहाँ के अनाथालय के मैनेजर।' किताबों के एक कारबार को सख़्त परेशानी के ज़माने में दो हज़ार रुपए दिए हैं। कई साल बाद क़ैफ़ियत के ख़ाने में लिखा है—'आज ख़त आया है कि उन्होंने मुहम्मद साहब की जीवनी निहायत साफ़ और सादा ज़बान में लिखवाकर एक लाख प्रतियाँ विद्यार्थियों में मुफ़्त बँटवाई हैं। ख़ुदा नेकी के बदले भला करे।' दिल्ली के एक मदरसे को ऐसे वक़्त कि उसका कोई मददगार न था, दस हज़ार रुपए दिए थे। इस रक़म के सामने क़ैफ़ियत में लिखा था—'सालाना रिपोर्ट पढ़ी। हर सूबे में इसकी एक-एक शाखा क़ायम हो गई है। इस सूबे में तो गाँव-गाँव में मदरसे क़ायम कर दिए हैं। यह काम न होता तो इस मुल्क में मुसलमानों की सभ्यता और संस्कृति की इतनी उन्नति न होती।' इसी क़िस्म की बेशुमार बातें लिखी थीं।

इस किताब को वह अक्सर उठाकर पढ़ने लगता था। ख़ासकर जब किसी नादान दोस्त की ज़बान से दिल दुखता था तो ज़रूर इस किताब के पन्ने पलटता। इसे देखकर कभी-कभी मुस्कुराता भी था। उसका इरादा था कि मरते वक़्त यह किताब उन लोगों के लिए छोड़ जाऊँगा जो उम्र-भर मुझे पहचाने बग़ैर मेरा दिल दुखाते रहे। इस इरादे से उसे बड़ी तसल्ली होती थी। सौ सुनार की एक लोहार की—उन्होंने हज़ारों दफ़ा मेरा जी दुखाया है—मैं एक दफ़ा उन्हें ऐसा शरमाऊँगा कि बस सिर न उठेगा। यह सोचता था और ख़ुश होता था। होते-होते बुढ़ापा आन पहुँचा। बदन जवाब देने लगा। रोज़ कोई-न-कोई बीमारी खड़ी है। एक दफ़ा दिसम्बर का महीना था। सख़्त बीमार हुआ। बुख़ार और खाँसी। एक दिन, दो दिन। तीसरे दिन सीने में सख़्त दर्द शुरू हुआ। कोई दो पहर बेहोशी रही। होश आया तो साँस लेने में भी तक़लीफ़ होती थी। निमोनिया का हमला था और सख़्त हमला। शाम से हालत बिगड़ने लगी। बार-बार बेहोशी हो जाती। थोड़ी देर को होश आता, फिर बेहोशी। कोई चार बजे के क़रीब होश आया तो उसकी समझ में आ गया कि अब वह वक़्त आन पहुँचा है, जो सबके लिए आता है और जिससे कोई भागकर बच नहीं सकता। चारपाई के पास ही मेज़ पर वह नीली ख़ूबसूरत किताब—'हिसाब अमानत' रखी थी, जिसे अभी बीमारी में भी दो दिन पहले उठाकर पढ़ा था। कुछ पल उसकी तरफ़ ग़ौर से देखा। आँखों से आँसू बहने लगे। ऐसे कि थमते ही न थे। किताब की तरफ़ हाथ बढ़ाकर उसे उठाना चाहा। कई मर्तबा की कोशिश में उसे मुश्किल से उठा पाया। फिर कुछ सोच में पड़ गया। यह शानदार घड़ी और यह छोटा ख़याल...उनको शरमाकर तुझे क्या मिलेगा...तू अपना काम कर चला...अपने काम से काम...मंज़िल आ पहुँची...आख़िरी क़दम क्यों डगमगाए ? दोनों हाथों में किताब थामी। हाथ थरथरा रहे थे, जैसे कोई बहुत बड़ा बोझ उठाया हो। बड़ी मुश्किल से तकिए पर से सिर भी कुछ उठाया और कमज़ोर जिस्म की सारी आख़िरी ताक़त ख़र्च करके किताब को उस पास वाली बड़ी अँगीठी में फेंक दिया, जिसमें कोई ढाई बजे नौकर ने बहुत-से कोयले डाले थे और मालिक को सोता जानकर दूसरे कमरे में जाकर सो गया था।

किताब जलने लगी। उसकी नज़र उसी पर जमी थी। जिल्द के जलने

में देर लगी। फिर अंदर के काग़ज़ों में आग लगी तो एक शोला उठा। उसकी रोशनी में उसके होंठों पर एक हलकी-सी मुस्कुराहट दिखाई दी और चेहरे पर एक अजीब इत्मीनान।

उधर अज़ान देनेवाले की पुकार सुनाई दी, इधर नेकियों के कारवाँ को राह दिखानेवाले हज़रत मुहम्मद साहब के इस नेक अनुयायी ने हमेशा के लिए आँखें मूँद लीं।

माँ

मास्टर हमीद दिल्ली शहर में बारहटोंटी पर एक मदरसे में पढ़ाते थे। उनका घर मुर्शिदाबाद में एक मुहल्ला पहाड़ी है, वहाँ था। उनके बाप बढ़ई का काम करते थे। हमीद की तालीम पहले तो मुहल्ले की मस्जिद में हुई। थोड़े दिन मुल्ला जीवन के मक़तब में उन्होंने पढ़ा। फिर बाप ने तहसील के मदरसे में दाख़िल करा दिया। हमीद उर्दू मिडिल का इम्तहान देनेवाला था कि बस्ती में प्लेग की ऐसी महामारी फैली कि घर-घर मातम था। इस महामारी में हमीद के बाप भी चल बसे। हमीद की माँ के पास कफ़न-दफ़न के बाद कुल सत्ताईस रुपए बचे। हमीद मिडिल के इम्तहान में पास हो गया। अब उसे अंग्रेज़ी पढ़ने का शौक हुआ। हमीद ने मिडिल के इम्तहान के लिए सारी दुनिया का जुग़राफ़िया याद कर डाला था, मगर अजीब बात है, जब उसने सोचा कि किस शहर में जाकर अंग्रेज़ी पढ़ूँ तो बस एक दिल्ली का ख़याल मन में आया। शायद इसलिए कि बचपन में कहानियों में दिल्ली शहर का ज़िक्र सुना था या इसलिए कि उस मुहल्ले के एक साहब दिल्ली में पुलिस में नौकर थे और हर बरस-दो बरस बाद घर आया करते थे। हमीद ने उनसे एक दफ़ा पूछा था कि दिल्ली कैसा शहर है तो उन्होंने कुछ मुस्कराकर बूझ-बुझक्कड़ की तरह कहा था—“मियाँ लड़के, तुम इन चीज़ों को क्या समझो, दिल्ली बड़ा घुटा हुआ शहर है।”

ख़ैर, तो हमीद के नज़दीक दिल्ली ही एक शहर था, जहाँ जाकर वह अंग्रेज़ी मदरसे में पढ़ सकता था। माँ से पंद्रह रुपए लिए और दिल्ली पहुँचा। उस घुटे हुए शहर में घंटों घूमने के बाद गली क़ासिम जान में अपने पड़ोसी

नसरुल्लाह ख़ाँ कांस्टेबल के घर पहुँचा। नसरुल्लाह ख़ाँ ने, जो हमीद के बाप को अच्छी तरह जानते थे, हमीद की बड़ी ख़ातिर की और अपने छोटे-से मकान के दरवाज़े में उसके लिए एक छोटा-सा खटोला डाल दिया। हमीद अब यहीं रहने लगा। एक मदरसे में नाम भी लिख गया और तीन साल में वह दसवें दर्जे तक पहुँच गया। इस ज़माने में हमीद ने अपनी जमात के एक लड़के को, जो हिसाब में कमज़ोर था, हिसाब पढ़ाना शुरू कर दिया। उस लड़के का बाप हमीद को सात रुपया महीना दिया करता था। हमीद ने नसरुल्लाह ख़ाँ से कहा कि अब मेरे पास दाम हैं। आप इजाज़त दें तो मैं भटियारे के यहाँ से रोटी खा लिया करूँ। नसरुल्लाह ख़ाँ ने कुछ इस तरह से कहा—''साहबज़ादे, कुछ बेवकूफ़ हुए हो।''

हमीद की फिर हिम्मत न पड़ी कि कुछ कहे।

दस महीने में हमीद ने सत्तर रुपए तो दिल्ली में कमाए और जो पंद्रह माँ से लेकर चला था, उसमें से भी दस बाक़ी थे। एक दफ़ा माँ ने और दो रुपए का मनीआर्डर भेजा था, कुल हुए बयासी रुपए। मदरसे में सर्दियों की छुट्टी थी। नसरुल्लाह ख़ाँ ने भी छुट्टी ली और वतन का इरादा किया तो हमीद को साथ लेते गए।

उस ज़माने में हमीद की माँ के पास बस अपने शौहर के वक़्त के बारह रुपए थे और आँगन वाले कटहल का पेड़, जो हर साल पचीस-तीस रुपए में बिक जाता था। मगर जब हमीद घर पहुँचा तो माँ ने एक रिश्तेदार के यहाँ उसकी शादी का सारा बन्दोबस्त कर रखा था। शादी जैसे-तैसे हो गई। शादी के सातवें रोज़ हमीद दिल्ली वापस चला आया। यहाँ आकर इम्तहान की तैयारी में लग गया। मार्च में इम्तहान हुआ और वह दूसरे दरजे में पास हो गया। अब नौकरी की फ़िक्र हुई। बहुत दिन इधर-उधर मारे-मारे फिरने के बाद एक मदरसे में एवज़ी पर काम करने का मौक़ा मिला। हमीद आदमी था मेहनती, उसका हेडमास्टर उसके काम से बहुत खुश हुआ और उसने एक पक्की जगह दिलवा दी।

हमीद को अब बीस रुपए महीना मिलते थे। उसने फिर हिम्मत करके नसरुल्लाह ख़ाँ से कहा—''चाचा, अगर इजाज़त दें तो मैं अलग कोई कोठरी ले लूँ।''

नसरुल्लाह ख़ाँ ने कहा—''अच्छा मियाँ, तुम्हारी यही राय है तो ले

लो।'' और कुछ देर के बाद बोले—''मैं खुद तुम्हें सस्ता-सा मकान ढूँढ दूँगा जिसमें ज़नाना भी हो।''

हमीद खुद सोच रहा था कि अब अपनी बीवी को मऊ से जाकर ले आए। नसरुल्लाह ख़ाँ की भी राय मालूम हुई तो तीन रुपए माहवार का एक छोटा-सा बे-आँगन का घर मिलते ही वह तीन दिन की छुट्टी लेकर घर गया और अपनी बीवी को साथ ले आया। ग़रीब माँ फिर अकेली रह गई।

बीवी को दिल्ली लाए सात बरस हो गए। इस ज़माने में हमीद के यहाँ तीन लड़के हुए और एक लड़की, जिनमें से दो लड़के मर गए। बीवी भी बहुत बीमार रही। एक दफ़ा खुद उसे भी लू लग गई तो कोई तेरह-चौदह दिन चारपाई पर पड़ा रहा। उधर मदरसे में भी काम बढ़ता गया। तनख़्वाह अब उसकी तीस रुपए थी। और दस रुपए महीने पर एक लड़के को उसके घर पर भी पढ़ाया करता था। मगर दिल्ली का ख़र्च, बाल-बच्चों का साथ। ग़रीब हमीद के पास बचता-बचाता कुछ नहीं था। इसलिए माँ के ख़त पर ख़त आते, खुद भी उसका जी बहुत चाहता था, मगर जाने की नौबत न आती थी।

मास्टर हमीद का क़ायदा था कि सुबह मुहल्ले की मस्जिद में नमाज़ पढ़ी और अपने दरवाज़े में एक चारपाई पर बैठकर आधा पारा क़ुरान मजीद का पढ़ा। फिर और कोई काम किया। तक़रीबन रोज़ जब वह नमाज़ पढ़कर लौटते तो एक सत्तर बरस की बूढ़ी, सफ़ेद बालों और झुकी कमर धोबिन 'जुनकिया' रास्ते में अपनी लादी लिए घाट को जाती मिलती। न जाने क्या बात हुई कि सात-आठ दिन से जुनकिया न मिली। कोई ऐसी बात न थी, मगर आठवें दिन जब मास्टर हमीद सुबह-सुबह मदरसे जाने के लिए निकले तो कोने वाले घर के पास से गुज़रते हुए न रहा गया और उन्होंने ड्योढ़ी में क़दम रखकर एक लड़के से, जो सामने था, पूछा—''अमाँ लड़के, जुनकिया धोबिन का क्या हाल है ?''

लड़के ने कहा—''जुनकिया तो कल रात को एक बजे मर गई। उसकी बिरादरी वाले कल जमुना पर उसे फूँक भी आए।''

मास्टर हमीद का बेचारी जुनकिया से क्या वास्ता ! मगर यह ख़बर सुनकर उनका कलेजा धक् से हो गया। रास्ते-भर सिर झुकाए न जाने क्या

सोचते रहे। मदरसे पहुँचे तो उदास-उदास। साथियों ने पूछा भी—"कहिए, मिज़ाज कैसा है ?" यह कहकर कि कोई बात नहीं, टाल दिया। घर आए तो भी सुस्त-सुस्त। बीवी ने पूछा तो उसे भी कुछ न बताया, मगर तीसरे रोज़ बक़रीद की छुट्टी होनेवाली थी। हमीद ने दो दिन की छुट्टी की दरख़्वास्त और दी और ऐन बक़रीद के दिन मुर्शिदाबाद का टिकट ले रेल में सवार हो गया। ईद का दिन रेल में कटा। न नमाज़, न क़ुरबानी। मगर दिन-भर उस सफ़ेद सिर का ध्यान लगा रहा, जिसने बरसों सोते वक़्त, उसके बिस्तर पर झुककर दुआएँ दी थीं; उस गोद का, जिसमें बरसों उसने आराम किया था; उस चेहरे का, जिसे देखकर उसकी सारी परेशानियाँ दूर हो जाती थीं, और जिसे अब कोई सात बरस से न देखा था।

हमीद कोई बुरा बेटा न था। कोई यह भी न समझे कि माँ की मुहब्बत उसके दिल में न थी या जोरू-बच्चों में पड़कर वह अपनी माँ को भूल गया था। वह साल में तीन-चार मर्तबा अपनी माँ को चार-चार, पाँच-पाँच रुपए मनीआर्डर भेज देता था और यह रक़म इस ग़रीब बाल-बच्चों वाले मुदर्रिस के लिए बहुत थी। मगर माँ को ख़त लिखता था तो बच्चों के हाथ में कलम देकर ख़त पर कुछ-न-कुछ निशान दादी के लिए करा देता था। उसकी बीवी ने भी कुछ लिखना-पढ़ना सीख लिया था। वह भी बराबर अपने हाथ से ख़त में सलाम लिखती थी। माँ का ख़त भी तक़रीबन हर महीने आ जाता था। उसमें बस्ती की, इधर-उधर की ख़बरें होतीं और हमेशा यह सवाल कि बेटा, घर कब आएगा ? माँ यह ख़त नवासी दर्जिन से लिखवाया करती थी। उसकी लिखाई ऐसी कीड़े-मकोड़ों की-सी होती कि ख़त का बहुत-सा हिस्सा मुश्किल से पढ़ा जाता। मगर यह सवाल हमेशा बहुत साफ़-साफ़ कार्ड पर लिखा होता था। इसका जवाब हमीद भी हर बार यही लिख देता—इंशा अल्लाह आमों के मौसम में। मगर हर साल आमों का मौसम गुज़र जाता था और माँ को बेटे की शक्ल देखनी न नसीब होती थी। हमीद चाहता था कि सारे कुनबे को साथ लेकर जाए। फिर इतने दिन से नौकर था, माँ के लिए और दूसरे सगे-सम्बन्धियों और पड़ोसियों के लिए दिल्ली के तोहफे भी ले जाए लेकिन इन सबके लिए कभी दाम न हो पाए। सात बरस इरादे-ही-इरादे में कट गए। मगर जुनकिया की मौत की ख़बर ने न जाने हमीद के दिल पर क्या असर

किया कि वह अकेला ही चल खड़ा हुआ।

हाँ, तो बक़रीद के दिन सूरज डूबने से कोई घंटा-भर पहले मास्टर हमीद मुर्शिदाबाद पहुँचे। ख़ूब ज़ोर की बारिश हो रही थी। मास्टर साहब के पास बस एक छतरी थी, कुछ और सामान तो साथ था नहीं। छतरी लगा यों ही सीधे घर गए। मुर्शिदाबाद में लोग पानी की निकासी को कोई ज़रूरी चीज़ नहीं समझते। इसलिए बारिश में अक्सर रास्ते भी पानी से भर जाते हैं। मास्टर हमीद एक जगह फिसलकर गिरे भी, कई जगह तक़रीबन घुटनों-घुटनों पानी से गुज़रना पड़ा। ख़ैर, जैसे-तैसे वह अपने घर पहुँचे। घर का दरवाज़ा बन्द था। उन्होंने ज़ंजीर खटखटाई। कोई न बोला। फिर ज़ोर से खटखटाई। किसी ने जवाब न दिया। छतरी नीचे रखकर दोनों हाथों से दरवाज़ा ख़ूब ठोका और दो-एक दफ़ा बेसाख़्ता ज़ोर से 'अम्माँ-अम्माँ' भी मास्टर हमीद के मुँह से निकल गया तो एक कोठरी के अन्दर से किसी ने बैठी हुई आवाज़ में जवाब दिया–"यह कौन है अम्माँ वाला ! यहाँ किसी की अम्माँ नहीं रहती।" मास्टर साहब बोले–"अरे भाई, हमीद की माँ का घर यही तो है न ?" तो एक मोटा-सा आदमी बस एक धोती बाँधे, आँखें मलता और एक हाथ में छतरी की जगह सूप लिए पानी से अपना बचाव करता दरवाज़े पर आया। यह एवज़ क़साई का बेटा लच्छू था, जो बक़रीद के दिन की कलेजी और दिल-गुर्दों का क़बाब खाकर हज़म करने के लिए सो रहा था। उसने कोई चार बरस हुए, हमीद की माँ से यह मकान ख़रीद लिया था। उसने बस एक-दो जुम्लों में यह सब कहानी हमीद से कह दी और बताया कि तुम्हारी माँ अब वह नवासी दर्जिन का जो घर कोने में है, उसमें रहती है।

लच्छू ने तो यह कहकर दरवाज़ा बन्द कर लिया और जाकर फिर अपनी चारपाई पर पड़ा रहा। मास्टर हमीद के एक-दो मिनट तक तो क़दम ही न उठे। ऐसा मालूम हुआ कि किसी ने दिल में तीर मारा और काम तमाम कर दिया। मकान बिक गया ? और मुझे ख़बर तक न हुई? या अल्लाह, माँ पर इतनी तंगी थी ? मैं तो समझा था कुछ अब्बा ने छोड़ा था, कुछ मैं भेज देता था, कुछ आमदनी कटहल के पेड़ से हो जाती होगी और काम चलता होगा। मगर यह तो अपनी झोंपड़ी भी पराए हाथों बिक गई। यही सोचते-सोचते जब सिर उठाया तो नवासी दर्जिन के मकान

के सामने पहुँच गया था। उसने ज़ंजीर हिलाने के लिए हाथ उठाया तो ऐसा मालूम हुआ कि हाथ भारी पड़ गया है। ख़ैर, ज़ंजीर खटखटाई। नवासी, जो वहीं पास बैठी कुछ सी रही थी, दरवाज़े पर आई और हमीद को पहचान गई। उसने न कुछ कहा न सुना, चिल्लाती हुई सीधी अन्दर गई–"हमीद की माँ, हमीद की माँ, हमीद आ गया!"

हमीद की माँ से कोई साल-भर से उठा-बैठा भी मुश्किल से जाता था। मगर यह ख़बर सुनकर न जाने कहाँ की ताक़त आ गई कि झट चारपाई से कूदकर दरवाज़े को दौड़ी, हमीद को लिपटा लिया और ज़ार-ज़ार रोने लगी। हमीद की माँ के बदन में बस हड्डियाँ-ही-हड्डियाँ रह गई थीं। और न जाने आदमी बूढ़ा होते-होते घिस जाता है या क्या कि वह बिलकुल बच्चों की तरह ज़रा-सी होकर रह गई थी। हाँ, सिर के बाल सफ़ेद थे, जैसे सन। गर्दन पर सिर का बोझ उठाना भी मुश्किल था और सफ़ेद सिर बराबर हिले जाता था। न जाने कमज़ोरी से, न जाने मुहब्बत की ज़्यादती से, सारे बदन में कँपकँपी थी। कई मिनट तक यह हाल रहा; न माँ ने कुछ कहा न बेटे ने। आख़िर इस चुप्पी को माँ ने ही तोड़ा और कहा–"बेटा, काले कोसों से आया है–पानी में सराबोर। ज़रा बैठ जा तो चाय बना लाऊँ।"

हमीद की ज़बान से इसके जवाब में यह निकला–"अम्माँ, तुमने घर बेच डाला, मुझे ख़बर तो की होती।"

अम्माँ ने कहा–"बेटा, ख़बर करने से क्या फ़ायदा होता ? तुझे और फ़िक्रें क्या कम हैं ? और यह बेचारी नवीसी, अल्लाह भला करे, बहुत ख़याल करती है, मुझे किसी तरह की तकलीफ़ नहीं। बेटा, तू आ गया, मेरी तो ज़िंदगी हो गई।"

हमीद ने अब ज़रा नज़र उठाकर मकान को देखा तो सामने एक छोटी-सी कोठरी थी। उसमें नवासी के दो बच्चे एक झिलँगी चारपाई पर पड़े सो रहे थे। एक अलग कोने में खेल रहा था और एक चिल्ला-चिल्लाकर रो रहा था।

नवासी उसे चुप करके चूल्हे में आग सुलगाने लगी तो हमीद ने देखा कि बेचारी का कुरता पीठ पर बिलकुल फटा हुआ है। कपड़े धुले हुए साफ़ ज़रूर थे। क्यों न होते, ईद का दिन था।

हमीद ने माँ से पूछा—“अम्माँ, क्या तुम भी यहीं सोती हो ?”

माँ ने कहा—“नहीं बेटा, मैं उधर की दूसरी कोठरी में रहती हूँ। यहाँ तो नवासी सोती है, जो तुम्हें ख़त लिखा करती है।”

“अम्माँ, क्या तुम अब भी कुछ काम करती हो ? अब तो तुम्हारे हाथ थक जाते होंगे।”

“नहीं बेटा, हाथ तो अभी तक काम देते हैं। मगर कोई डेढ़ साल से आँखें बेकार हैं, निगाह नहीं जमती।”

हमीद चिल्लाया—“आँखें ? अम्माँ, तो क्या तुम मुझे भी नहीं देख सकतीं ?”

माँ ने हमीद के सिर पर हाथ फेरा, फिर गालों पर, उसके सिर को छाती से लगाया। मुँह पर कुछ मुस्कुराहट-सी आई और कहा—“बेटा, तुझे तो देख सकती हूँ, अल्लाह का शुक्र है। सूरज निकलता है, उसे भी देख सकती हूँ, घर भी देख लेती हूँ, मगर और कुछ दिखायी नहीं देता। हाँ बेटा, तेरा सबसे छोटा नन्हा अब कितने दिनों का हुआ ?”

“अम्माँ, तुम्हारी दुआ से अब डेढ़ बरस का है।”

“अच्छा, तो वह कुरता-टोपी उसके बिलकुल ठीक होगा।” यह कहकर माँ ने एक मैली-सी गठरी खोली और उसमें से टटोलकर एक लचका लगा हुआ रेशमी कुरता निकाला और एक लाल ख़ूबसूरत गोल टोपी, जिस पर सच्ची किनारी टँकी हुई थी।

“अम्माँ, क्या यह तुमने नन्हे मजीद के लिए सिया है?” हमीद ने पूछा और आँखें ज़रा नम हो गई थीं, हाथ से उन्हें पोंछा।

“नहीं बेटा !” माँ ने कहा—“यह सिए तो थे मैंने तेरी सलमा के लिए, मगर तुम आए ही नहीं और वह बेचारी चल बसी।”

सारी बातचीत में शिकायत का यही एक लफ़्ज़ था और बस।

हमीद माँ की चारपाई पर बैठ गया और न जाने किन ख़यालों में गुम हो गया। इसी तरह शायद कोई दो घंटे गुज़र गए। इस अर्से में पड़ोस के कुम्हार की बीवी नसीबन भी घर में आ गई थी और ये तीनों औरतें न जाने इधर-उधर क्या करती फिरती थीं कि कोई आठ बजे हमीद की माँ ने आकर उसके कंधे पर हाथ रखा और कहा—“बेटा, आज तो तू मेरे साथ रोटी खाएगा।”

हमीद, जो सो गया था, चौंक पड़ा और बोला—"अम्माँ, और नहीं तो क्या ?"

उसका ख़याल था कि माँ जब इस ग़रीबी की हालत में दिन काट रही है तो जौ-ज्वार की रोटी और कुछ दाल-दलिया होगा, मगर वहाँ तो ऐसे ठाठ का दस्तरख़्वान चुना हुआ था कि हमीद हैरत में रह गया। क़बाब थे, कलेजी थी, पराँठे थे, अंडों के चिल्ले थे, माश की दाल थी, मऊ का तेज़-तेज़ सिरका था, आम की चटनी थी, एक प्याले में दूध था, एक तश्तरी में मलाई और एक रक़ाबी में कटे हुए क़लमी आम। हमीद हैरत में था कि इस ग़रीबी में यह सब सामान कहाँ से आया। कुछ समझा कि दौड़-धूप तो नसीबन और नवासी ने की है, मगर दाम कहाँ से आए? वह सोचता जाता और निवाला मुँह में देता जाता, मगर मुँह में निवाला पहुँचकर ऐसा मालूम होता कि निवाला कुछ बढ़ गया है और मुँह चलाने में दिक़्क़त होती है। खाना ख़त्म हुआ तो हमीद के मुँह से बेसाख़्ता वह दुआ निकली, जो बचपन में माँ ने उसे सिखायी थी और जो उसने बरसों से खाने के बाद न पढ़ी थी।

खाना खाकर फिर हमीद माँ की चारपाई पर बैठ गया। नसीबन और नवासी बाहर चली गईं और हमीद की माँ ने क़रीब आकर और सिर पर हाथ रखकर कहा—"बेटा, बुरा न मानो तो एक बात कहूँ ?"

हमीद का मुँह पीला पड़ गया। दिल भिंचने-सा लगा। उसे ख़याल हुआ कि शायद माँ यह कहेगी—'मुझे इस पराये घर से निकालकर अपने साथ ले चल या कोई दूसरा घर ले दे।'

यही ख़याल दिल में आ रहे थे, मगर हमीद ने कहा—"अम्माँ, ज़रूर कहो।"

माँ ने कहा—"बेटा, तू लश्करों का रहनेवाला है। मदरसे में नौकर है। मैं पराये घर पड़ी हूँ, तेरी क्या ख़ातिर करूँ। नसीबन को भेजकर ख़ाँ साहब की कोठी में तेरे लिए एक कमरा साफ़ करा दिया है और खाट डलवा दी है, मगर जी चाहता है कि तू मेरे साथ रहता। कहते हुए डरती हूँ। क्या तू मेरा यह अरमान पूरा कर सकता है ? मैंने इसी उम्मीद पर नसीबन के यहाँ से यह चरपाई भी मँगा ली है।"

सामने छप्पर में एक चारपाई खड़ी थी, जिसकी अदवान ग़ालिबन इसी

वक़्त कसी गई थी। माँ की यह बात सुनकर हमीद का जी भर आया। मुँह से आवाज़ न निकली। घबराहट में इधर-उधर देखा और बोला—''अम्माँ, यह भी कोई बात है। मैं तुम्हारे पास न रहूँगा तो कहाँ जाऊँगा !''

माँ ने हमीद के माथे को चूमा और झट नसीबन से वह चारपाई अपनी कोठरी में डलवा दी। फिर एक गठरी खोली। उसमें से एक सफ़ेद चादर निकाली, जिस पर बड़ी ख़ूबसूरत बेल लगी थी। दो तकिए निकाले—साफ़-साफ़ गिलाफ़, चारों तरफ़ झालर। ओढ़ने के लिए एक बारीक चादर। तकियों पर कोई अच्छा-सा इत्र मला। एक नया उग़ालदान पट्टी के नीचे लाकर रखा और बेटे की तरफ़ बढ़ी और कहा—''बेटा, अब तुम सो रहो। बहुत थक गए होगे।''

हमीद यह सब तमाशा देख रहा था और हैरत में था कि अल्लाह यह सब कहाँ से आया। आख़िर न रहा गया और उसने पूछ ही लिया—''अम्माँ, यह खाना और यह सारा सामान कहाँ से आया ?''

अम्माँ बोली—''बेटा, अब मऊ भी लश्कर ही है। अल्लाह रखे, सब चीज़ मिलती है, और खाना, सो आज तो बक़रीद का दिन था। गोश्त पड़ोसियों के घर से आया था, और चीज़ें भी इधर-उधर से कर लीं।''

''मगर अम्माँ, यह चादर, यह गिलाफ़, ये जूतियाँ, यह सारा सामान, इत्र, मुरादाबादी उग़ालदान, इसके लिए रुपया कहाँ से आया ?''

माँ की अंधी आँखों से पानी की दो-चार बूँदें टपकीं और उसने ऐसी आवाज़ में, जिसमें न जाने मलामत का ज़्यादा असर था या मुहब्बत का, कहा—''बेटा, तू और यह पूछता है ! एक-एक दिन तेरे ही इंतज़ार में कटा है। सात बरस में यह तैयारी कर पाई हूँ। बेटा, सात बरस में !''

माँ की इस बात को सुनकर ख़ामोशी के फ़रिश्ते ने उस छोटी-सी कोठरी में अपने पर फैला दिए। फिर रात-भर किसी ने किसी से कुछ बात न की।

सच्ची मुहब्बत

[यूरोप में बसनेवाले यहूदियों ने कई ज़बानों को मिला-जुलाकर एक ज़बान यीदिश बनाई है। इसमें बड़ी अच्छी-अच्छी किताबें लिखी जा रही हैं। नीचे दिया हुआ क़िस्सा इसी ज़बान के एक ड्रामे से लिया गया है।]

जंगल ही जंगल थे और फिर पहाड़ियाँ ही पहाड़ियाँ। सातवें जंगल के पीछे और फिर सातवीं पहाड़ी के परे, एक मछेरा रहता था। जवान, ख़ूबसूरत। वहीं एक गड़रिया रहता था। उसकी एक बेटी थी, बस जैसे चाँद का टुकड़ा। वह बच्ची भेड़ें चराया करती थी और थी भी ऐसी ही ग़रीब भोली-भाली जैसी उसकी भेड़ें। दोनों को एक-दूसरे से मुहब्बत हो गई। लड़की की नज़र में मछेरा किसी शहज़ादे से कम न था और मछेरे के दिल से पूछो तो कोई शहज़ादी इस ग़रीब लड़की की बराबरी न करती थी। मगर थे दोनों बहुत ग़रीब। मछेरा यही सोचा करता था कि इस ग़रीबी में शादी क्या होगी, हो भी गई तो गुज़ारा कैसे होगा।

इसी सोच में एक मर्तबा रात-भर आँख न झपकी। करवट बदल-बदलकर और आँसू बहा-बहाकर सारी रैन काटी। उस रब का ध्यान बाँधा, जो विपदा में याद आता है और कहते हैं कि दुखी की ज़रूर सुनता है। सुबह गजरदम मछलियाँ पकड़ने दरिया पर पहुँचा। दरिया में जाल फेंका तो दिल-ही-दिल दुआ माँगी, 'ऐ मेरे मौला, आज तो जाल भरके मछलियाँ दिलवा दे। और हाँ, सुनहरी मछलियाँ हों—सुनहरी, आँखें हीरे की हों, सफ़ने सोने के हों और उनकी नन्ही-नन्ही हड्डियाँ और कुछ नहीं तो मोतियों की तो हों।' यह सोचा और जाल फेंका। और वहीं ज़मीन पर लेट गया।

कोई तीन घंटे यों ही पड़ा इंतज़ार करता रहा। आँसू थे कि थमते न थे। सारी ज़मीन उसके गरम-गरम आँसुओं से गीली हो गई थी। आख़िर को उठा और भारी जाल को ख़ूब ज़ोर लगाकर खींचा तो जाल भरा हुआ था—मगर पत्थरों से !

उसने फिर दुआ माँगी—'मेरे प्यारे खुदा, इस दफ़ा तो अच्छा-सा झोल दे दे, सुनहरी मछलियों का, जिनकी आँखें हीरे की हों और सफ़ने सोने और जिनकी नन्ही-नन्ही हड्डियाँ कुछ नहीं तो मोतियों की हों।' यह कहकर फिर दूसरी मर्तबा जाल दरिया में फेंका और ज़मीन पर लेट गया। कोई नौ घंटे वहीं पड़ा रहा। सारी ज़मीन उसके आँसुओं से तर हो गई। फिर उठा। अबके जाल इतना भारी था कि खींचे न खिंचता था। मगर उसमें निकला क्या ? सड़ी-गली लकड़ी का एक बहुत बड़ा-सा टुकड़ा।

अँधेरा हो चला था। दरिया डूबते सूरज को विदा दे चुका था और चिड़ियाँ भी अपना शाम का गीत गाकर बसेरा ले चुकी थीं। सूरज भी ज़मीन से रुख़्सत हो चुका था। मगर नींद के माते दरिया के किनारे मछेरा अपनी जगह खड़ा था, पानी में अपना जाल फैलाए। तीसरी दफ़ा जो जाल को खींचा तो मालूम हुआ कि जाल ऐसा हलका हो गया है जैसे मकड़ी का जाला। इतना हलका फूल कि हैरत होती थी। ऊपर चाँद चमक रहा था। उसकी रोशनी में मछेरे ने देखा कि सारा जाल चाँदी का हो गया है और उसके अंदर जो दरियायी घास है, वह सारी सोने की है।

उस सुनहरी घास पर एक नन्हा-सा फ़रिश्ता लेटा था। उसके पर मोती की तरह झल-झल होते थे। फ़रिश्ते ने मछेरे से कहा—"मैं इस दरिया की तह में लाखों साल से पड़ा था—लाखों साल से, जब से दुनिया बनी थी उस वक़्त से। मैंने कोई क़सूर नहीं किया था कि उसकी सज़ा में अल्लाह मियाँ ने मुझे यहाँ भेजा हो। मुझे तो देश-निकाला मिला आदम और हव्वा की चूक पर कि उन्होंने अदन के बाग़ में मुझे तो साथी बनाया नहीं, साँप को बना लिया। फिर उस पेड़ का फल खाकर, जिससे उन्हें मना किया गया था, मेरे नाम को भी बट्टा लगाया। इसी वजह से वह भी निकाले गए और मैं भी निकाला गया कि मैं उनकी सच्ची मुहब्बत का फ़रिश्ता था। यही बात तो है कि आदमी अब साँप की-सी मुहब्बत करते हैं, वह मुहब्बत जो सबको बिगाड़ देती है, जो दिलों में और दिलों के अच्छे विचारों में ज़हर

भर देती है। वह जो पहली मुहब्बत थी, सच्ची, पाक मुहब्बत, उसे सबने छोड़ दिया है। और उसका निशान भी अब इनसानों में बाकी नहीं। बस, ईर्ष्या है और लोभ। प्यारे मछेरे, अब फिर कहीं उस गँदले पानी में मुझे न डाल देना। मुझे अपने साथ ले चल, अपनी प्यारी गड़रनी के पास ले चल, मैं तुझे वह .खुशी दूँगा जो किसी को नसीब न हुई होगी।"

मछेरा बोला—"एक शीशमहल बना दोगे, मेरी प्यारी गड़रनी के लिए? पहचानती मुझे बहुत-सा सोना-चाँदी दे दोगे क्या, कि मैं उसे हमेशा .खुश रख सकूँ और ऐसा कर दूँ कि वह फिर किसी चीज़ को न तरसे और भूख-प्यास की तकलीफ़ न उठाए।"

फ़रिश्ता बोला—"मेरी मुहब्बत के लिए खुशी का सामान महलों से नहीं होता। मेरी मुहब्बत न भूख को जानती है, न धन-दौलत को पहचानती है। भूख भी खुदा की तरफ़ से सज़ा है और सोने-चाँदी का लालच भी। और यह सज़ा उसने आदमियों को इसलिए दी है कि पहले मुहब्बत करनेवालों ने मुहब्बत के नाम को बट्टा लगाया था।"

फ़रिश्ते ने यह बात कुछ ऐसे भोले अंदाज़ से कही कि मछेरे की समझ में आ गई। उसने झट उस फ़रिश्ते को ऐसी सच्चाई और ऐसे जोश के साथ सीने से लगाया कि वह हमेशा-हमेशा को उसके दिल में उतर गया। न चाँदी के जाल का ख़याल किया, न सोने की घास का,—सब दरिया में डाल दिया और अपनी गड़रनी का ध्यान साथ लिये घर को लौटा।

बेकारी

सलीमन का घर नैनीताल में था। हाँ, पन्द्रह-बीस कमरोंवाले महल को भी घर कहते हैं, जिसमें हज़ारों रुपए के कालीन, लाखों का साज़ व सामान हो, बिजली की रोशनी से झाड़-फ़ानूस जगमग-जगमग करते हों, सर्दी में अँगीठियाँ दहकती हों और उस कोठरी को भी घर कहते हैं, जिसके एक कोने में छोटा-सा चूल्हा हो, एक कोने में एक बाँस की चारपाई और एक उससे छोटा खटोला पड़ा हो, जिसके तीन पाये हों और एक पाये की जगह दो गुम्मा ईंटें, एक कोने में छोटा-सा मिट्टी का दीया टिमटिमा रहा हो और दरवाज़े के सूराखों और दरवाज़ों में से जाड़ों में ठंडी सरसराती हवा आती हो।

हाँ, तो हमारी सलीमन का घर इसी दूसरी क़िस्म का घर था। उसमें सलीमन, सलीमन का बाप मसीता और सलीमन की माँ लड़ैती रहा करते थे। बाँस वाली चारपाई पर माँ-बेटियाँ पड़ रहती थीं और खटोले पर मसीता कुण्डली-मुण्डली होकर सो जाता था।

जाड़ों का मौसम था। तुम जानते हो कि नैनीताल बड़े ऊँचे पहाड़ पर है और सर्दी में वहाँ ख़ूब बर्फ़ पड़ती है और ऐसी ठंडी हवा चलती है कि बदन कटा जाता है। सलीमन के बाप के पास ओढ़ने-बिछाने को बस यूँ ही-सा था। ग़रीब खादी की दोहर और रुई के फटे-पुराने गूदड़ों से काम लेते थे। इधर दरवाज़ों में से हवा आती थी और बदन में छिदती जाती थी। सूराखों को तो सलीमन की माँ ने गूदड़ से बन्द कर दिया था, मगर दरवाज़ों का क्या करती ! लाचार वे बेचारे रात-भर चूल्हे में उपले जलाते रहते थे। इसकी गर्मी से रात कट जाती थी। पहले-पहले तो धुएँ से ज़रा

दम घुटता था, अब यह भी अच्छा लगने लगा था।

सलीमन का बाप मसीता राज था। मगर मामूली-सा काम जानता था। रोज़ दस-बारह आने मिल जाते थे। लेकिन काम लग जाना शर्त थी। अकसर ऐसा होता कि महीना-महीना-भर काम न मिलता। आजकल अलबत्ता नैनीताल में कई मकान बन रहे थे। गर्मी में बड़े-बड़े लोग यहाँ पहाड़ पर आकर दिन गुज़ारते थे। इसलिए यहाँ के लोग जाड़ोंजाड़ों अपने पुराने मकानों की मरम्मत कराना और नए मकान बनाना चाहते हैं।

तो आजकल मियाँ मसीता का काम सेठजी के मकान पर लग गया था। यह मकान आबादी से बिलकुल बाहर, पहाड़ की ऊँची-सी चोटी पर बन रहा था। मसीता को अपने घर से कोई दो-ढाई कोस चलना होता था। इसलिए सुबह-ही-सुबह घर से निकल खड़ा होता और शाम को चिराग जले वापस आता।

दिन-भर पाढ़ पर खड़े रहना और वह भी जनवरी की ठंडी हवा में ! बस, जब घर लौटता तो हाथ-पाँव जैसे ठंडे बर्फ़ की सिल और ऐसे सुन्न कि छुरियाँ चलाओ तो पता न चले। वापसी पर मसीता जहाँ घर में घुसता, सलीमन दौड़कर उसके पैरों से लिपट जाती। लड़ैती झट मिट्टी की हँडिया चूल्हे पर रखकर चाय पकाती और ज़रा-सा नमक डालकर पहले मसीता को एक कटोरे में चाय देती और फिर मिट्टी के एक प्याले से, जिसकी कोर टूटी हुई थी, .ख़ुद भी पीती और बीच-बीच में एक घूँट सलीमन को देती जाती।

एक रोज़ का ज़िक्र है कि मसीता रोज़ की तरह सुबह-सुबह काम पर गया। रात में बर्फ़ ख़ूब पड़ी थी, इसलिए ज़मीन पर ऐसा मालूम होता था कि किसी ने सफ़ेद रुई के गाले बिछा दिए हैं। ज़रा धूप निकली कि सलीमन पड़ोस के बच्चों के साथ बर्फ़ से खेलने निकल गई। कोई बर्फ की गेंदें बना-बनाकर दूसरे पर फेंकता था। किसी ने बर्फ़ का एक आदमी बना लिया था, जिस पर सब बर्फ़ की गेंदें मारते थे। धूप निकली हुई थी। सलीमन कोई बारह बजे तक खेलती रही। इधर बारह बजे का घंटा बजा और सलीमन को ख़याल आया कि अब अब्बा के लिए रोटी ले जाना है। फ़ौरन दौड़ी हुई घर आई। और बच्चे रोकते भी रहे, पर वह न ठहरी।

घर पहुँची तो देखती क्या है कि अब्बा चूल्हे के पास बैठे अपनी

गुड़गुड़ी पीते जाते हैं और ताप रहे हैं। अब्बा उस दिन आठ ही बजे लौट आए थे। सलीमन ने पूछा—"अब्बा, आज अभी से आ गए?"

मसीता ने जवाब दिया—"हाँ बेटी, आज काम नहीं है। सर्दी के मारे सारा चूना जम गया। आज काम नहीं होगा।"

"आ हा हा हा," सलीमन बोली, "यह तो अच्छा हुआ। तो अब मैं रोटी भी न ले जाऊँगी।"

"हाँ बेटी," माँ ने जवाब दिया, "आज तो अब्बा घर ही पर रहेंगे।"

और मसीता चुप रहा।

"अब्बा, यह तो बड़ा अच्छा हुआ, तुम आ गए। कभी तो काम से छुट्टी मिली। आज तो दिन-भर घर पर रहो। ख़ूब गरम-गरम। ज़रा सो जाओ, मैं पाँव दाब दूँगी। नहीं, यहाँ घर पर भी तो बहुत काम हैं। मेरी लकड़ी की गुड़िया का सिर टूट गया है। वह जो गुड़िया की गाड़ी तुमने बना दी थी, उसका पहिया निकल गया है। मेरे और खिलौने भी टूट गए हैं। अम्माँ को तो ठीक करना आता नहीं, तुम ठीक कर देना।"

मसीता ने सलीमन के सारे खिलौने ठीक-ठाक कर दिए। अपने खटोले के लिए बसूले से एक मोटा-सा पाया भी बना लिया। लकड़ी की दो-तीन गाँठें पड़ी थीं, उन्हें चीरा। चारपाई की अदवान खींची और फिर यों ही टाल-मटोल करके जैसे-तैसे दिन गुज़ार दिया।

मगर सर्दी थी कि कम न होती थी। रात को हवा ऐसी चल रही थी जैसे आँधी आई हो। ऐसा मालूम होता था कि कोई घर के किवाड़ पकड़-पकड़कर हिला रहा है। रात-भर उपले जलते रहे, मगर फिर भी सर्दी के मारे सलीमन की कँपकँपी न जाती थी। ज्यों-त्यों सुबह हुई। यही हाल चार-पाँच दिन तक रहा और सर्दी थी कि किसी तरह कम न होती थी।

छठे दिन मसीता ने सलीमन की माँ से कहा—"लो, अब तो उपले भी ख़त्म हो चुके। ये जो छप्पर में पड़े हैं, यही हैं।"

लड़ैती उठकर दूसरे कोने में गई और सबसे नीचे वाली हाँडी में से एक मैली-सी थैली निकाली और उसमें जो कुछ था, सब लाकर सलीमन के बाप के सामने रख दिया।

दो चवन्नियाँ थीं, एक इकन्नी और चौदह पैसे—कुल साढ़े बारह आने। मसीता ने कहा—"मैं तो कहता हूँ, सबके उपले ख़रीद लो। सर्दी

का क्या ठीक है! खाने-पीने का अल्लाह मालिक है। शिब्बू बनिए से कर्ज़ ही ले लेंगे। उपले तो कर्ज़ नहीं मिलेंगे।''

उस दिन दोपहर को उन सबने ठंडी रोटी और अरहर की बहुत पतली दाल खाई। सलीमन ने कहा—''अम्मा, तुमने कहा था, जुमेरात को कलेजी पकाऊँगी।''

माँ ने जवाब दिया—''बेटी, क़साई उधार नहीं देता।''

दूसरे दिन लड़ैती ने सलीमन से कहा—''बेटी, जा, शिब्बू के यहाँ से ढाई सेर जौ का आटा ले आ।''

सलीमन ने कहा—''अम्माँ, पैसे ?''

माँ ने जवाब दिया—''उधार ले आना। और दो पैसे का नमक और एक दियासलाई की डिबिया भी। रास्ते में हुसैनी के यहाँ से दो पैसे के आलू भी उधार लेती आना।''

सलीमन गई।

शिब्बू ने ज़रा मुँह बनाया मगर आटा, नमक और एक दियासलाई की डिबिया सलीमन को दे दी और अपने खाते में लिख लिया।

हुसैनी की दुकान पर पहुँची तो उसने ललकारा—''बड़ी आई है उधार लेने! घर में ख़ज़ाना गड़ा है न, जो मैं अपने पैसे वसूल कर लूँगा। मुझे हिसाब लिखना नहीं आता। जाओ, उधार शिब्बू ही से लो।''

सलीमन बहुत दुखी हुई और घर लौट आई।

तीन दिन और गुज़र गए। आटा ख़त्म हो गया और सर्दी का वही हाल। सेठजी के मकान पर काम बंद का बंद। माँ ने सलीमन को फिर शिब्बू के यहाँ भेजा। शिब्बू ने अबकी दफ़ा आटा देने से इनकार कर दिया और कहा—''अभी वह महीने पहले के दाम भी तो नहीं आए। मैं कहाँ तक भरे जाऊँ।''

सलीमन ने आकर जब यह हाल सुनाया तो माँ-बाप दोनों सुनकर सहम से गए और चुप हो बैठे।

थोड़ी देर में लड़ैती ने कहा—''या अल्लाह, अब क्या होगा! मेरे पास तो एक कौड़ी भी नहीं।''

मसीता बोला—''मेरे पास उस दिन के दो पैसे बचे हुए हैं, मगर दो पैसे में क्या काम निकलेगा !''

शाम हो गई थी। लड़ैती ने कोने में दीया जलाया। सूखी रोटी के कुछ टुकड़े बचे पड़े थे, उन्हें पानी में भिगोया और ऊपर से नमक की दो कंकरियाँ डाल, एक मिर्च तोड़ दी। इस तरह जो चीज़ तैयार हुई वह सलीमन को खिलाकर उसे सुला दिया और ये दोनों बहुत देर तक चूल्हे के पास चुपचाप बैठे रहे।

घर के पास एक छोटी-सी मस्जिद थी। उससे अज़ान की आवाज़ आई। यह आवाज़ रोज़ ही आती होगी, मगर मसीता काम से कुछ ऐसा थका-माँदा आता था कि शायद अज़ान से पहले ही सो जाता था। आज कुछ ऐसा मालूम हुआ कि यह अज़ान देने वाला उसी को बुला रहा है। मसीता ने लड़ैती से कुछ कहा भी नहीं। झट उठकर ओले की तरह ठंडे पानी से वज़ू किया, वज़ू करने के बाद दामन से हाथ-मुँह पोंछे और मस्जिद को चल दिया।

मस्जिद में उस दिन मजमा ज़रा ज़्यादा था। अड़ोस-पड़ोस के सारे ग़रीब राज-मज़दूर भी थे और राजों का मिस्तरी अशरफ़, जो कभी मस्जिद में न आता था, वह भी आज आया था। मसीता और सबको तो जानता था मगर आज न जाने नमाज़ किसने पढ़ाई थी। कोई नए आदमी थे। लम्बी-सी काली-काली दाढ़ी पर तेल मला हुआ, जिससे वह चम-चम चमकती थी। सर पर पट्टेदार बाल, उन पर एक बड़ा-सा पग्गड़, बड़ा ढीला-ढीला-सा चोगा, आँखों में सुरमा। नमाज़ हो चुकी तो यह मिम्बर पर जा बैठे। मसीता ने अपने पास वाले से पूछा—“ये कौन हैं ?” उसने बताया—“सहारनपुर के बड़े मौलवी साहब हैं, अशरफ़ मिस्तरी के पीर।”

मौलवी साहब ने कोई दो घंटे तक उपदेश दिया। मसीता पर अपनी मुसीबत का भी कुछ असर था, कुछ उन मौलवी साहब ने अल्लाह-रसूल की ऐसी बातें कीं, अल्लाह-रसूल के लिए लोगों ने अपने जान-माल को जिस तरह क़ुर्बान किया है, उसके ऐसे क़िस्से सुनाए कि मसीता ज़ार-ज़ार रोने लगा। आख़िर में मौलवी साहब ने चंदा माँगा। सब लोग उठ-उठकर रूमाल में, जो मिम्बर के नीचे बिछा हुआ था, कुछ डालने लगे। किसी ने अठन्नी दी, किसी ने चवन्नी, अशरफ़ मिस्तरी ने ख़ूब खनखनाकर दो रुपए रूमाल में डाले। इसके बाद मसीता भी उठा और अपने कोट में से दो पैसे, जो उसके पास रह गए थे, जाकर रूमाल में डाल आया। मौलवी

साहब, उपदेश के बाद मिस्तरी के घर दावत थी, वहाँ चले गए। मिस्तरी ने ख़ूब चर्बी वाला चिकना गोश्त पुलाव के लिए मँगाया था। मोहन हलवाई के यहाँ से मलाई मँगाई थी और न जाने क्या-क्या इन्तज़ाम किया होगा। हाँ, तो मौलवी साहब तो इस दावत में चले गए और मसीता अपने घर लौट आया।

मसीता को घर से गए कोई ढाई घंटे हो गए थे। लड़ैती कुछ देर तो जागती रही, फिर वहीं चूल्हे के पास बैठे-बैठे ऊँघ आ गई। अब जो मसीता घर में आया तो उसकी आहट से आँख खुली। आँख खुलते ही पूछने लगी—''तुमने भी यह देखा! यह क्या है ?''

मसीता ने कहा—''क्या है ? कुछ भी नहीं, मैं हूँ।''

लड़ैती अब ख़ूब होशियार हो गई थी, मसीता को बताने लगी—''अभी-अभी घर में कुछ अजीब-सी रोशनी थी और बहुत से नन्हे-मुन्ने बच्चे थे। मैं तो जानूँ, उनके पर भी थे। किधर गए ?''

मसीता ने समझाया कि सपना देखा होगा, सपना।

अब लड़ैती उठकर सलीमन के पास पड़ रही और मसीता अपने खटोले पर लेट गया। बहुत देर तक तो दोनों चुपचाप लेटे रहे, फिर मसीता की तो आँख लग गई, मगर लड़ैती को नींद न आई। कोई तीन बजे हड़बड़ाकर उठा और 'सलीमन की माँ, सलीमन की माँ' पुकारने लगा—''तूने भी देखा, ये कौन लोग थे ?''

लड़ैती ने कहा—''मैं तो जग ही रही हूँ, कोई न था, यूँ ही तुम्हें ख़याल हो गया।''

मसीता ने कहा—''नहीं-नहीं, अभी-अभी सारे घर में ऐसी दूध जैसी सफ़ेद रोशनी थी और नन्हे-नन्हे बच्चे-से इधर-उधर उड़ रहे थे और एक के पास तो न जाने पोटली में खाने की क्या-क्या चीज़ें थीं।''

लड़ैती ने कहा—''तुमने सपना देखा होगा।''

दोनों फिर चुपचाप पड़े रहे कि सुबह की अज़ान हुई। मसीता फिर उठा और बर्फ़ जैसे ठंडे पानी से वज़ू करके मस्जिद को गया। नमाज़ पढ़कर लौटा तो साथ ही मस्जिद से नुसरत भी निकला। यह भी उसी के साथ सेठ साहब के मकान पर काम करता था और उसी की तरह कई दिन से बेकार था। उसने कहा—''भैया मसीता, सड़कों पर से बरफ हटाने के लिए

सफ़ाई में आदमियों की माँग है। आज चलो हम-तुम भी चलें।"

मसीता ने कहा—"अच्छा।"

घर पर आकर सलीमन की माँ को ख़बर की और दोनों ने सफ़ाई के दफ़्तर का रुख़ किया। वहाँ उसे चवन्नी रोज़ पर काम मिल गया।

सईदा की अम्माँ

सईदा की अम्माँ बहुत दिनों से बीमार थी। बुखार-खाँसी, कभी हाथ-पाँव में दर्द, कभी पेट में, कभी पीठ में, बहुत दिनों तक हकीमों का इलाज होता रहा। किसी-न-किसी चीज़ को तो फ़ायदा ज़रूर होता था, लेकिन बीमारी का सिलसिला था कि चला जाता था। एक चीज़ जाती, दूसरी रह जाती। कमज़ोरी बहुत हो गई, चेहरा ऐसा पीला पड़ गया था। जैसे पीली कटई का फूल। हकीमों ने खाना यों समझो कि बन्द ही कर दिया था। गरमी अच्छी-ख़ासी थी, लेकिन जिन हकीमजी का इलाज था, वह हवा से बहुत डरते थे। इसलिए एक छोटे-से कमरे में रखवा दिया था और खिड़कियाँ और किवाड़ बन्द रखने की ताक़ीद कर दी थी।

जब कमज़ोरी बराबर बढ़ती गई तो रिश्तेदारों और पड़ोसियों ने कहा कि भाई, डॉक्टर अंसारी साहब का इलाज कराओ। माना उनकी फ़ीस ज़्यादा है, नुस्ख़े में दवाइयाँ भी बहुत महँगी लिखते हैं, मगर जान है तो जहान है। सईदा की अम्माँ बेचारी ग़रीब औरत थी। इसलिए डॉक्टर साहब का इलाज शुरू से न किया था। मगर जान बहुत प्यारी होती है। कहा—"अच्छा, कुछ गहना बेचूँगी और डॉक्टर साहब ही का इलाज करवाऊँगी।"

डॉक्टर साहब कई दिन के इन्तज़ार के बाद आए। कोई आधे घंटे तक हाल सुना और देखा-भाला और नुस्ख़ा लिखकर चले गए।

सईदा की ख़ाला ने पूछा—"और डॉक्टर साहब, खाने को ?" डॉक्टर साहब ने कहा—"जो इनका जी चाहे खिलाओ, फुल्का, शोरबा, दूध, अनार

का अर्क़, अंगूर का अर्क़।''

सईदा अन्दर से पान लेकर आई, चौखट में ठोकर लगी तो पान की थाली वह जाकर गिरी। सईदा ज़ोर-ज़ोर से रोने लगी।

डॉक्टर साहब ने सईदा को उठा लिया और चलने के लिए खड़े हो गए।

सईदा की खाला ने अंदर से कहा—''डॉक्टर साहब, ज़रा तशरीफ़ रखिए, मैं पान भेजती हूँ।''

डॉक्टर साहब ने कहा—''मैं तो पान खाता ही नहीं हूँ। आप पान की तकलीफ़ न करें। अलबत्ता यह जो आप इस कोठरी में बीमार के साथ बन्द हैं और न मालूम आपके साथ कितने तीमारदार इस डिब्बे में क़ैद हैं, यह ठीक नहीं। इन्हें बड़े कमरे में रखिए, खिड़कियाँ सब खुली रहें और आठ बजे से नौ बजे तक इन्हें बाहर धूप में तकिए की टेक देकर बिठाया कीजिए—रोज़। देखिए, भूलिएगा नहीं, यह दवा से ज़्यादा ज़रूरी है।''

डॉक्टर साहब यह कहकर चले गए। घर में अड़ोस-पड़ोस की न जाने कितनी बुढ़ियाँ हर वक़्त जमा रहती थीं। उनमें एक से एक बड़ी हकीम। कोई कहती है—यह मुए डाक्टर क्या जानें ! हवा में बिठाने को कह गए। खाँसी का यह हाल, और दरवाज़े खुले रखो। बुख़ार रोज़ आता है, धूप में बैठो। सईदा की माँ को यह बहस अच्छी नहीं लगती थी। दो-एक मर्तबा उसके माथे पर कुछ शिकनें पड़ीं। फिर कराहकर उसने करवट बदल ली। लेकिन बुढ़ियाँ डॉक्टर साहब और उनकी डॉक्टरी के बारे में बातें किए गईं और बराबर बिस्तर के पास पिच्च-पिच्च पीकें थूकती रहीं।

आख़िर सईदा की माँ से न रहा गया। उसने फिर करवट ली और बोली—''अब मैं चाहे मरूँ चाहे जिऊँ, डॉक्टर साहब ने जो कहा है वही करूँगी। बहन, अब तुम बड़े कमरे में मेरा बिस्तर ले चलो और सुबह से धूप में एक चारपाई बिछा दिया करो।''

बहन ने फ़ौरन बड़े कमरे का अंगड़-खंगड़ हटाना शुरू किया और शाम तक बिस्तर उस कमरे में पहुँच गया। खिड़कियाँ और दरवाज़े खुले रखे। सईदा की माँ को ख़ूब नींद आई और सुबह उठी तो तबीयत हलकी-हलकी-सी थी। अब आठ बजे का इन्तज़ार शुरू हुआ, लेकिन खुदा का करना साढ़े सात बजे ही से सारे आसमान पर बादल छा गए

और सारे दिन धूप न निकली। दूसरे दिन भी यही हाल रहा। सईदा की माँ ने ठंडी साँस भरकर कहा—"या अल्लाह, क्या मेरी वजह से अब तेरा सूरज भी न निकलेगा ! डॉक्टर साहब ने धूप में लेटने को कहा है, धूप ही न निकलेगी तो मैं कैसे अच्छी हूँगी ?"

सईदा भी कहीं पट्टी के पास अपनी गुड़िया को लिये खड़ी ये बातें सुन रही थी। मगर बस सुन लिया और कुछ नहीं, अपने खेल में लग गई। उस दिन तीसरे पहर को धूप निकली तो सईदा आँगन से दौड़ी हुई आई और बरामदे ही से चिल्लाई—"अम्माँ-अम्माँ, देतो, दूप नितली।"

सबको बड़ी हैरत हुई कि देखो। ज़रा-सी बच्ची और इतना ध्यान, मगर शाम के वक़्त डॉक्टर साहब ने सईदा की माँ को बाहर बैठाने को कहा न था, इसलिए लोगों ने चारपाई न निकाली। सईदा ने बार-बार धूप निकलने का ऐलान किया। उसकी ज़िद से मालूम होता था कि वह चाहती है कि लोग उसकी माँ की चारपाई धूप में डाल दें, लेकिन इस बात को बता नहीं पा रही थी। लोग अपने-अपने काम में लग गए और सईदा फिर आँगन में जाकर खेलने लगी, लेकिन कुछ उदास- उदास-सी रही। थोड़ी देर में अपनी गुड़िया वहीं ज़मीन पर डाल वह मिट्टी पर लेट गई। सूरज डूबने का वक़्त आ गया था। सामने वाले आम के पेड़ की चोटी पर सूरज की किरणें खेल रही थीं। सईदा की नज़र उस चोटी पर जमी थी। एक ज़बान है, जिसे बड़े न सुनते हैं न समझते हैं, लेकिन बच्चे इसे खूब जानते हैं और आपस में यह पेड़ों, फूलों, जानवरों, सूरज, चाँद और तारों बल्कि कोई-कोई तो कहता है कि अल्लाह मियाँ तक से बातें कर लेते हैं। इसी ज़बान में सईदा ने सूरज की उस किरण से, जो सबसे आख़िर तक आम की चोटी पर खेलती रही, बातें कीं—"बहन, कल सुबह ज़रूर आना, अम्माँ के लिए धूप कर देना, नहीं तो अम्माँ कैसे अच्छी होंगी।"

किरण ने सईदा से वादा कर लिया—"मैं ज़रूर आऊँगी, तू उदास मत हो।"

दूसरे दिन जब कोई चार बजे से सूरज की किरणों ने दुनिया में आने के लिए बनना-सँवरना शुरू किया तो सूरज ने कहा—"चलो, आज भी छुट्टी है, आज फिर यहीं आसमान में रहना होगा। दुनिया का रास्ता बादलों की फ़ौज ने बन्द कर रखा है।"

किरणों को यह बात अच्छी तो न लगी कि यहीं आसमान में बन्द रहें, और दुनिया की सैर को न जाएँ, मगर क्या करतीं, चुप हो गईं। मगर वह किरण, जिसने एक दिन पहले सईदा से बातें की थीं, ज़रा आगे को बढ़ी और बोली—"और मैं अब क्या करूँ ? मैं तो कल सईदा को ज़बान दे चुकी हूँ कि सुबह ज़रूर आऊँगी और तेरी माँ के लिए धूप करूँगी, नहीं तो वह अच्छी कैसे होंगी। डॉक्टर ने कहा है—डॉक्टर ने। यह कम्बख़्त बादलों की फ़ौज ख़त्म ही नहीं होती। रोज़ इधर से उधर, रोज़ उधर से इधर। मेरा बस चलता तो सबका सिर तोड़कर ज़मीन को जाती !"

भला अकेली एक किरण कैसे बादलों की फ़ौज में से आती। दूसरी बहनों को भी ख़याल हुआ कि इस किरण की बात झूठी न हो। सईदा क्या कहेगी कि अब आसमान के लोग भी झूठ बोलने लगे। सब-की-सब सूरज से लिपट पड़ीं—"आज तो ज़रूर दुनिया को जाएँगे, आज तो ज़रूर।"

सूरज ने कहा—"अच्छा, तुम्हारी ख़ुशी। चलो। मगर बादलों की फ़ौज में तमाम कीचड़ होती है, तुम्हारे सारे कपड़े ख़राब हो जाएँगे।"

मगर किरणें फिर कहाँ सुनती थीं। सबने कहा—"हम कपड़े बचा लेंगे। नहीं तो जल्दी से लौटकर दूसरे बदल लेंगे।"

ख़ैर, यह कहकर उन्होंने ज़मीन को रुख़ किया। ये नन्हीं किरणें बादलों की फ़ौज को भला क्या हटातीं, मगर उनमें गरमी भी तो होती है, एक जगह बादलों की फ़ौज के एक टुकड़े पर बराबर घंटा-भर जो चमकीं तो फ़ौज का यह दस्ता मारे गरमी के घबरा उठा और एक तरफ़ को हट गया। बस, फिर क्या था, किरणों को रास्ता मिल गया और ये देखते-देखते दुनिया में पहुँच गईं और सीधी सईदा की माँ के आँगन में उतरीं।

सईदा सुबह के बादल को देखती थी और उदास बैठी थी। किसी से कुछ कहती भी न थी। अब जो किरणों की सवारी पहुँची तो उसका चेहरा बाग़-बाग़ हो गया और वह फिर चिल्लाई—"अम्माँ-अम्माँ, देतो, दूप नितली।"

बच्ची की इस बात से माँ पर बड़ा असर पड़ा और उसकी आँखों में मुहब्बत के आँसू भर आए। सईदा की ख़ाला ने आँगन में हरसिंगार के पेड़ के पास धूप में चारपाई डलवा दी। कोई गावतकिया तो घर में था नहीं, कई छोटे-छोटे तकिए और दो बिस्तर एक जगह करके सईदा की

माँ की पीठ से लगा दिए और वह घंटे भर तक धूप में बैठी रही। महीनों बाद छोटे-से बन्द कमरे से निकलकर धूप और ताज़ा हवा में आई थी। ऐसा लगता था कि नई दुनिया में आ गई है। चेहरा पीला था, लेकिन उतना उदास न था। आँखों में नई रोशनी-सी आ गई थी। सईदा भी रोज़ से ज़्यादा खुश थी। पट्टी के पास आ-आकर खड़ी होती थी। माँ ने एक दफ़ा उसे गोद में उठा लिया और खूब चुम्मे लिए। हवा के झोंके से उस वक़्त हरसिंगार के बहुत-से फूल सईदा की माँ की गोद में गिरे। दीवार पर कुमरी ने अल्लाह की तारीफ़ का गीत गाया। उस दिन से सईदा की माँ की तबीयत अच्छी होने लगी और अब वह अच्छी-चंगी भी है।

●●●